“齐河模式”打造华夏第一麦

孟令兴 主编

Qihemoshi dazao huaxia diyimai

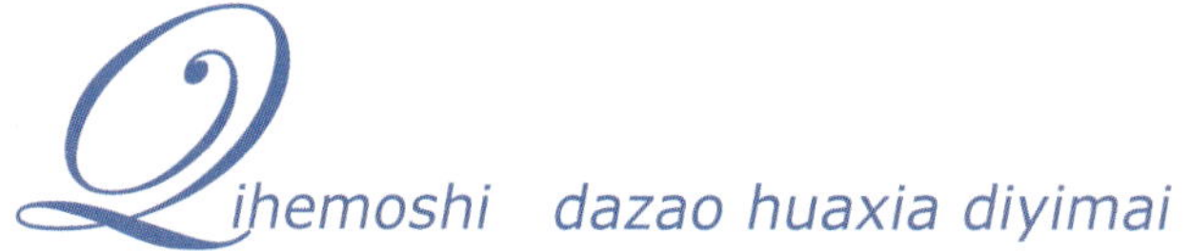

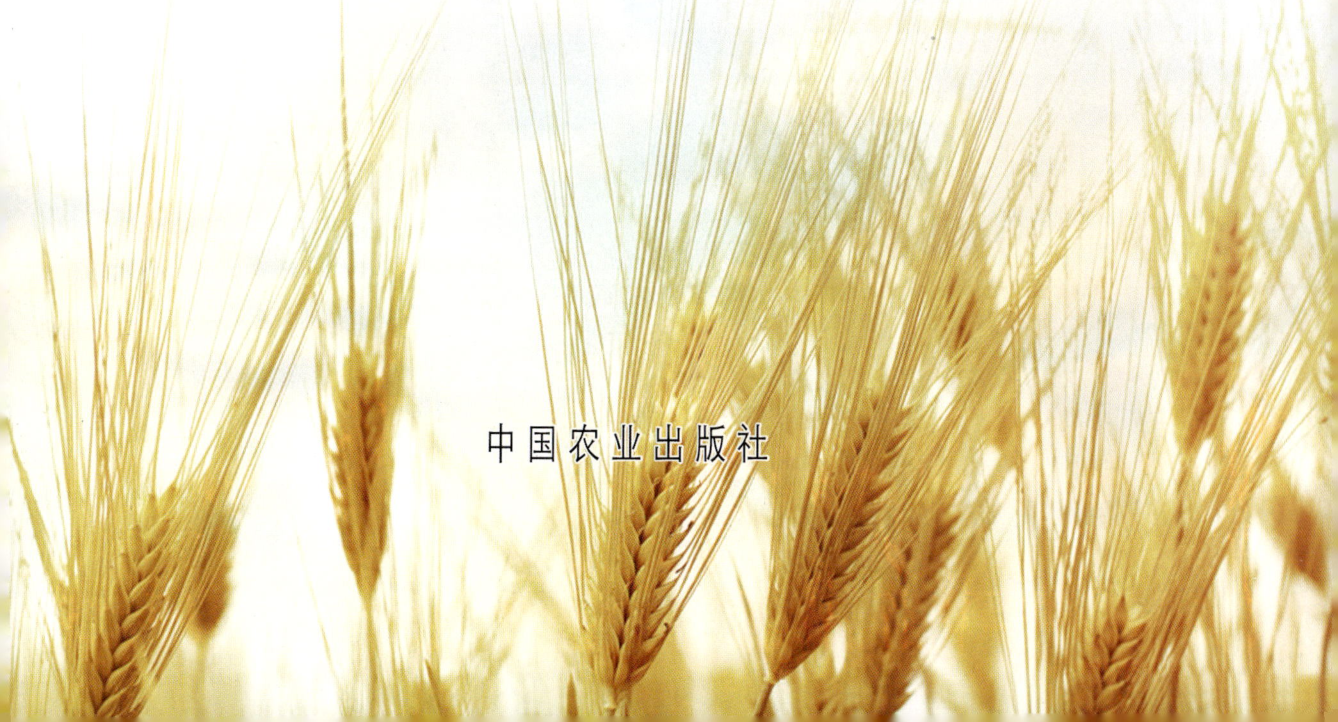

中国农业出版社

《“齐河模式”打造华夏第一麦》

编辑委员会

序　言

农业标准化是现代农业的重要基石，国内外农业发展的实践经验表明，农业标准化是提升农产品质量安全水平、增强农产品市场竞争能力的重要保证，是提高经济效益、增加农民收入和实现农业现代化的基本前提。

为进一步规范齐河县小麦、玉米质量安全生产和种植社会化服务综合标准化建设，让农业生产简单化、方便化、组织化、标准化、社会化，齐河县在全国县级率先开展农业综合标准化研究。在农业部指导下，联合农业部种植业司、质量安全监管局、合作经济经营管理总站和国家标准化管理委员会、中国标准化研究院、中国农业科学院等专家，共同研究制订了《小麦、玉米质量安全生产标准综合体县市规范》和《小麦、玉米生产社会化服务标准综合体县市规范》，这是全国首次出台粮食标准综合体的县级规范。标准综合体规定了齐河县小麦、玉米生产社会化服务和质量安全生产综合标准化建设发展目标、建设内容、技术要求、综合服务和建后管护等方面的内容，对小麦、玉米生产的水质、大气、土壤、耕作、管理、科技、农药使用、肥料择选、社会化服务等规定了严格的科学标准，对全国加快推进农业生产标准化、规模化、专业化、组织化具有重要的促进作用。

2015年1月17日，我们在北京召开了“齐河模式打造华夏第一麦”评审发布会，《小麦、玉米生产社会化服务标准综合体县市规范》和《小麦、玉米质量安全生产标准综合体县市规范》经由农业部、国家标准委、中国农科院、中国社科院等部门组成的专家组评审通过。中央、地方主要新闻媒体记者参加会议并做了重点宣传报道，农业部余欣荣常务副部长、陈晓华副部长等领导先后作出批示，认为“经验应认真总结、借鉴、推广”。

齐河县已被中国绿色食品发展中心核准为全国最大的绿色食品原料（小麦、玉米）标准化生产基地，下一步，我们将全力发展资源优势、特色产业优势，发展示范户、建设示范村、打造示范乡镇，构建适应现代农业发展要求的覆盖全程、综合配套、便捷高效的立体式复合型农业生产经营服务体系，全力探索集约、高产、提质、富民、强县的现代农业发展之路。

2015年8月

目 录

全力打造鲁北黄河粮仓

媒 体 报 道

农业综合标准化研究

研究成果概述

一、标准制订

在齐河县人民政府及有关部门的积极配合下，研究制订了《小麦、玉米生产社会化服务标准综合体县市规范》和《小麦、玉米质量安全生产标准综合体县市规范》，经由农业部、国家标准委、中国农科院、中国社科院、山东省农业厅、德州市政府等部门组成的专家组评审通过，并再次修改定稿，在全国尚属首创。

二、模式总结

撰写的调研报告《“齐河模式”夯实国家粮食安全根基》总结提炼了“两大经营主体创新、两大综合标准规范、三大支撑举措强化”共铸现代农业的“齐河模式”。

三、社会宣传

2015年1月17日，在北京召开“齐河模式打造华夏第一麦”宣传发布会，中央、地方主要新闻媒体记者参加会议并做了重点宣传报道，部分核心期刊和内参刊发了《“齐河模式”夯实国家粮食安全根基》文稿。

四、领导肯定

农业部余欣荣常务副部长、陈晓华副部长、毕美家总经济师及种植业管理司曾衍德司长、农产品质量安全监管局马爱国局长、农村经济体制与经营管理司张红宇司长、发展计划司叶贞琴司长等领导先后作出批示，认为“报告系统、深入，许多经验应认真总结、借鉴、推广”。

五、工作建议

将两个标准综合体市县规范再次征求齐河县各有关部门意见，进一步修改完善，确保指标、数据、规定可靠、可行，请主管部门按程序审批核准后正式发布实施。

专家组长：关锐捷、周纳

2015年2月7日

小麦、玉米综合标准化专家组名单

关锐捷	农业部农村经济体制与经营管理司原巡视员、研究员（专家组长）
潘文博	农业部种植业管理司副司长
胡乐鸣	农业部农业机械化管理司副司长
徐长兴	国标委农业食品标准部副主任、高级工程师
周 纳	中国社会科学院城发会副秘书长、教授
张世煌	中国农科院作物科学研究所研究员、玉米首席专家
肖世和	中国农科院作物科学研究所研究员、小麦首席专家
董红岩	农业部农产品质量安全监管局标准处处长
田昭莹	国标委农业食品标准部农村处处长
孙秀艳	农业部农村经济体制与经营管理司政策法规处调研员
鲁 波	山东省农业厅种植业管理处处长
张长进	德州市政府办公室副主任
郭平银	德州市农业局局长
崔洪亮	山东省齐河县农业局局长

山东省齐河县领导

孟令兴	县委书记、县人大常委会主任
王晓东	县委副书记、县长
李文豪	县委常委、宣传部长
龙 熹	县委常委、副县长
张和田	县政府副县长

山东省齐河县小麦、玉米生产社会化服务标准综合体县市规范

目　　录

前　　言

为规范山东省齐河县小麦、玉米种植社会化服务综合标准化建设，提高农田综合生产能力，保障国家粮食安全，推动农业现代化，同时，培育创新农业社会化服务多元主体，构建适应现代农业发展要求的覆盖全程、综合配套、便捷高效的新型社会化服务体系，让农业生产简单化、方便化、标准化、社会化，为政府购买公益性服务奠定基础，特制定本标准综合体县市规范。

本标准综合体县市规范按GB/T1.1—2009《标准化工作导则》和《农业综合标准化工作指南》的相关规则编制。

本标准综合体县市规范由山东省齐河县人民政府提出。

起草单位：山东省齐河县人民政府、农业部农村合作经济经营管理总站、中国社会科学研究院（中国城市发展研究会）

专家单位：农业部种植业司、农产品质量安全监管局、农村合作经济经营管理总站，国家标准化管理委员会农业与食品部，中国农业科学院，中国标准化研究院

评审组成员：关锐捷、潘文博、胡乐鸣、许长兴、张世煌、肖世和、田昭莹、董红岩、孙秀艳、鲁波、张长进、郭平银

起草负责人：周纳、张和田、崔洪亮

参加起草人：张涛、赵亮、董永、张永太、穆林、宋加军、孔红岭、戴兆山、杨兆强 、张海文、李路路、张传江、杨东、王立宪、纪乐光

1　综合标准化适用范围

本标准综合体县市规范规定了山东省齐河县小麦、玉米种植社会化服务综合标准化建设术语、区域划分、发展目标、建设内容、技术要求、综合服务和建后管护等方面的内容。

本标准综合体县市规范适用于政府主管部门和公益性服务部门对山东省齐河县小麦、玉米种植社会化服务建设规划、初步设计、实施方案等文件编制，以及建设、评估和验收的工作指导和日常管理，适用于有资质的社会化服务主体。

2　相关规范性引用文件

下列文件对于本标准综合体县市规范的应用是必不可少的。凡是注日期的引用文

件，仅所注日期的版本适用于本文件。凡是不注日期的引用文件，其最新版本（包括所有的修改单）适用于本文件。

GB1351	小麦标准
GB1353	玉米标准
GB15618	土壤环境质量标准
GB3095	环境空气质量标准
GB5084	农田灌溉水质标准
GB50288	灌溉与排水工程设计规范
GB/T50363	节水灌溉工程技术规范
GB50265	泵站设计规范
GB/T50817	农田防护林工程设计规范
GB15063	复混肥料(复合肥料)标准
GB21633	掺混肥料（BB肥）标准
GB18877	有机-无机复混肥料标准
GB2440	尿素标准
GB10205	磷酸一铵、磷酸二铵标准
GB/T10510	硝酸磷肥、硝酸磷钾肥标准
GB20406	农业用硫酸钾标准
GB20412	钙镁磷肥标准
GB20413	过磷酸钙标准
GB334—2001	敌百虫原药等49项农药国家标准（略）
HG2321	磷酸二氢钾标准
NY/T2148	高标准农田建设标准
NY/T1119	耕地质量监测技术规程
NY/T1782	农田土壤墒情监测技术规范
NY525	有机肥料标准
NY884	生物有机肥标准
NY227	微生物肥料标准
DB41/T766	农田防护林营造技术规程
DB12/T332	保护性耕作植保机械作业技术规范
DB37/T283—2000	农业机械作业质量 机械耕整地标准
DB37/T284—2000	农业机械作业质量 机械播种标准
DB37/T285—2000	农业机械作业质量 谷物机械收获标准

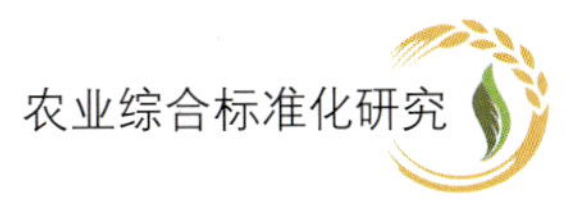

3 综合标准化建设术语

3.1 综合标准化概念

为达到确定的目标，运用系统分析方法，建立标准综合体并贯彻实施的标准化活动；标准综合体是标准化对象综合及其相关要素按其内在联系或功能要求，以整体效益最佳，形成的相关指标协调优化、相互配合的成套标准。

3.2 公益性服务概念

为确保国家粮食（棉花、油料等）安全和农产品质量安全，让从事粮棉油等生产的农民不吃亏、得实惠，对相应的农业生产经营活动的诸环节，所提供的各类社会化服务。

3.3 统一供应良种

每亩用种小麦10～15千克、玉米5 000～5 500粒，由农民合作组织、专业服务公司统一从有资质的种子生产经营企业采购，农民合作组织、专业服务公司与供种企业和种植者签订供种合同，良种普及率达到100%。

3.4 统一测土配方施肥

农民合作组织、专业服务公司等按照县土壤肥料工作站测土配方施肥建议卡，与招标定点供肥企业签订配方肥供销合同，全面推广测土配方施肥技术。

3.5 统一机械耕地

农民合作组织、专业服务公司等与农民群众签订统一机械耕地协议，耕深不得低于25厘米。

3.6 统一机械条播

农民合作组织、专业服务公司等与农民群众签订小麦统一机械条播协议，平均行距20厘米，播深3～5厘米，播种后及时镇压。

3.7 统一机械开沟

农民合作组织、专业服务公司等与农民群众签订小麦统一机械开沟协议，畦宽3米，畦沟和腰沟深20厘米以上、沟宽15～20厘米，田边沟深25～30厘米、沟宽25厘米以上。畦沟、腰沟、田边沟“三沟”配套，并与田外排水沟相通。

3.8 统一病虫害防治

农民合作组织、专业服务公司等与农民群众签订小麦、玉米全程病虫害防控协议。大力推广高效、低毒、低残留农药，推广使用率达到100%；按照县植保站发布的病虫情报及时有效地防控，病虫害损失率控制在5%以下。

3.9 统一机械收割

农民合作组织、专业服务公司等与农民群众签订机械收割协议，统一进行机械收割，留茬秸秆离地不得高于18厘米。

3.10 统一优价收购

农民合作组织、专业服务公司等与农民群众签订收购协议，优质优价收购。

3.11 统一技术指导

农民合作经济组织聘请农业专业技术人员进行技术指导，签订技术指导服务协议，全程进行技术培训和指导。县农业局考核技术指导员深入田间地头指导时间和效果、技术培训期次和人数、合作社和群众满意程度，查阅技术指导方案、日志等资料。纳入农机推广补助项目指导员进村入户绩效考核目标。

3.12 统一服务内容

按照"通过政府购买服务等方式，支持具有资质的经营性服务组织从事农业公益性服务"的要求，统一明确购买服务的内容，包括并不限于测土配方施肥、病虫害统防统治、集中繁育良种、农业机械作业（机耕、机平、机播、机管、机收等）、谷物烘干以及标准化生产、增施有机肥提升地力、新品种新技术推广、农作物秸秆综合利用、综合治理农田地膜残留污染等。

3.13 统一服务标准

统一明确各社会化服务环节的技术标准和服务过程的质量要求，以便于服务、验收和监管。

3.14 统一购买程序

统一明确购买资质、服务对象、补贴标准、规范协议、审核验收、兑现补贴等。

3.15 统一监督管理

统一明确监管机构、工作原则、检查方法、认定过程、张榜公示等。县农业局现场督查，核实协议、花名册、支付凭证等资料，并且入户抽查，验收合格后按标准补贴农民合作经济组织、专业服务公司等。

3.16 统一服务资质

统一明确对服务主体的组织形式、服务手段、服务范围等服务能力的综合评价标准。

4 区域划分与建设规模

根据山东省齐河县小麦、玉米生产核心区建设规划，结合不同区域的气候条件、地形地貌、障碍因素、水源条件、生态环境条件和生产服务主体等，全县小麦、玉米种植区均为平原地区，种植社会化服务综合标准化建设规模为80万亩*，建设区主要包括焦庙、祝阿、华店、刘桥、潘店、仁里和胡官7个乡镇，约500个行政村。

* 亩为非法定计量单位，1亩＝1/15公顷。——编者注

5 生产服务与技术要求

5.1 基本要求

5.1.1 坚持“依法有序、合理配置、因地制宜、注重实效”的原则，遵循公益性服务与经营性服务相结合、综合性服务与专项性服务相协调的方针，小麦、玉米种植社会化服务综合标准化建设区应选择在集中连片、现有条件较好、增产潜力大的基本农田。应具备可利用水资源条件，干、支骨干渠系及相关外部水利设施完善，水质符合灌溉水质标准，能够满足农田灌溉需求，综合标准化粮田建设后能显著提高粮食产量及品质。

5.1.2 田间基础设施占地率应不高于5%。

5.1.3 粮食年生产能力稳定在1 000千克/亩以上。

5.2 主体资质

5.2.1 组织类型。农业社会化服务主体应是公益性服务机构和以社会化服务为主的农机作业合作社、植保作业合作社或机灌机施等服务型农民专业合作社、大型联合农民合作社、专业服务公司等农业生产社会化服务组织以及其他有农业生产服务能力的经营主体。

5.2.2 服务手段。参与政府购买服务的专业服务组织每个至少应配备大、中型拖拉机及其配套机具4台（套）、植保机动喷雾器20台、大型联合收割机4台，以及相应的农机存放库棚面积，拥有生产车间200平方米以上、办公管理用房100平方米以上，经营服务面积2 000亩以上。

5.2.3 农机合作社。

5.2.3.1 基本建设。

5.2.3.1.1 依法注册，取得营业执照、组织机构代码证、税务登记证、法人和合作社公章，并在农机局备案登记。

5.2.3.1.2 有固定场所和机库棚，满足业务需求。

5.2.3.1.2.1 一类覆盖耕地2万亩的合作社要求：占地面积不少于20亩，存放大型机械的机库棚4 000平方米以上（存放小麦联合收割机50台、玉米联合收割机50台、拖拉机30台、植保机械30台、其他配套农机具100台套）。

5.2.3.1.2.2 二类覆盖耕地5 000亩以上的合作社要求：占地面积不少于10亩，存放大型机械的机库棚2 000平方米以上（存放小麦联合收割机15台、玉米联合收割机15台、拖拉机10台、植保机械10台、其他配套农机具30台套）。

5.2.3.1.2.3 三类覆盖耕地2 000亩以上的合作社要求：占地面积不少于3亩，存放大型机械的机库棚400平方米（存放小麦联合收割机5台、玉米联合收割机5台、拖拉机5台、植保机械3台、其他配套农机具10台套）。

5.2.3.1.2.4　机库棚建设宽度18米，门口（净高4米×宽4米），棚间距不少于30米，硬化场院2 000平方米以上，道路硬化宽度不少于6米，有6米宽辅路，便于链轨式机械通行，棚体为砖混或钢混结构，大门宽度不少于6米。

5.2.3.1.2.5　有标准的维修车间400平方米及配件室100平方米（小型的合作社维修车间及配件室200平方米），依法取得农业机械维修技术合格证，并具备相应的农机维修能力。

5.2.3.1.2.6　办公室、财务室及不少于100平方米的多媒体培训室，规章制度健全，消防设施齐全。

5.2.3.1.2.7　拖拉机、联合收割机，耕、播、植保等相关机械牌照齐全，保持安全作业状态。驾驶操作人员持有准驾车型的驾驶证和资格证。

5.2.3.2　组织运行。

5.2.3.2.1　机构健全。制定了合作社章程，召开了成员大会，选出了理事会、监事会。在理事会的领导下，实行经理负责制，负责日常的经营服务工作。成员大会由全体成员组成，是合作组织的权力机构，负责决定经营方向、经营决策、财产处置、利益分配等重大问题。

5.2.3.2.2　制度完善。合作社成员带机作价或带资入社，财产共同拥有，自主经营，自我约束，利益共享，风险共担，自我积累，自我发展。财务制度、机务管理、维修保养、作业管理、安全生产等制度健全、规范。

5.2.3.2.3　运行规范。合作社机械实行统一调配、统一存放、统一管理、统一维修保养。合作社实行统一联系业务，统一组织作业，统一收费标准，统一核算成本，统一提取管理费和公积金，社员实行按劳分配和按股分红相结合。

5.2.3.2.4　规模经营。实行订单和"一条龙"规模化作业模式，开展土地流转、跨区作业，积极推广示范新机具、新技术。

5.3　全程服务

5.3.1　小麦种植生产服务内容及标准。

5.3.1.1　耕种服务。

5.3.1.1.1　深耕深松（可撒施底肥），使用深松机、联合整地机或多功能深耕种肥联合作业机（若撒施底肥可用肥料撒施机），动力要求80.9千瓦四驱以上，耕作深度在25厘米以上。深松后土质上实下松，三年一次深松。

5.3.1.1.2　旋耕扶垄，使用51.5千瓦以上动力机械、新型旋耕机，小麦田种植需要旋耕两遍（深耕过的一遍）顺带扶垄，旋耕深度15厘米以上，土地平整上松下实。

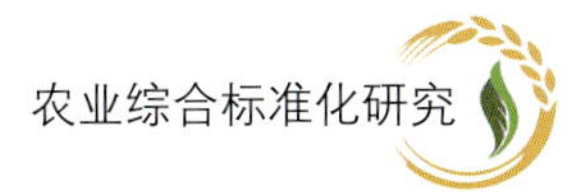

5.3.1.1.3 播种施底肥，种肥同播（旋耕前施过肥的不用），使用种肥同播机，动力51.5千瓦以上，种肥距离8厘米，播种要求深度3～5厘米，田间出苗在90%以上。

5.3.1.2 统防统治。

5.3.1.2.1 服务操作程序。小麦播种前30天，由县农业局下达各乡镇小麦全程统防统治面积指标。县植保站根据服务组织的服务能力分解面积指标，服务组织根据各服务队所在区域（村庄）自行确定统防统治具体地块，但统防统治地块必须成方连片，不得少于300亩。县植保站全力做好病虫害监测，向服务组织提供病虫发生防治技术信息，制订经济有效的小麦全程病虫害防治方案。为提高防治质量，监督服务组织统一购买三证齐全、质量可靠的高效低毒农药或生物农药。服务组织与统防统治区域的农户，签订全程承包防治服务合同。在签订合同后，服务组织向农民收取减去政府补贴后的防治费用，根据防治方案确定的防治药剂组织施药，每次都必须做好详细的施药记录，并由村委会签字确认。全生育期防治结束后，服务组织将承包合同、施药记录交县植保站审核，在确认完全履行合同后，由县农业或财政部门将补贴经费支付给服务组织。防治工作结束后，由县农业局对防治完成情况进行评估验收。

5.3.1.2.2 麦田草害防治。小麦田杂草由禾本科和阔叶杂草组成，根据不同地块的杂草情况选择除草剂，可以单独防治禾本科或阔叶类杂草，也可以禾阔双杀，按照既能保证效果又符合经济核算的原则选择除草剂，使用自动式机械作业，除草效果要求在85%以上。

5.3.1.2.3 病虫害防治。小麦拔节期重点防治红蜘蛛、麦叶蜂、蚜虫，预防纹枯病、条锈病等病虫害。抽穗扬花期实施小麦“一喷三防”技术，防治小麦条锈病、白粉病、吸浆虫、麦穗蚜，确保小麦后期生长安全。此期各类病虫将混合发生，因此可进行病虫兼治，杀虫剂、杀菌剂、植物生长调节剂（磷酸二氢钾）混配使用，实施“一喷三防”技术。有条件的地方，使用直升机和无人机飞防，利用地面远程喷雾设备补防，防治虫害效果要求达到80%以上，杀虫效果达到90%以上。

5.3.1.3 灌溉追肥。

5.3.1.3.1 麦田灌溉用电。应当依照规定的程序办理手续后方可用电。县级以上地方人民政府及其经济综合主管部门在安排用电指标时，应当保证农业和农村用电的适当比例，优先保证农村排涝、抗旱和农业季节性生产用电。电力企业应当执行前款的用电安排，不得减少农业和农村用电指标。

5.3.1.3.2 麦田浇灌施肥。根据田间情况使用新型灌溉机，推广肥灌同施技术，做到灌溉、施肥适量均匀。

5.3.1.4 收获服务。

小麦成熟后用大型联合收割机作业，要求每小时作业8亩以上，收割损失率小于3%。

5.3.1.5　烘干代储。

5.3.1.5.1　烘干。小麦成熟一般以自然脱水为主，通过延迟收获时间，基本可达到安全水分，个别水分较大的，农户可自行分散凉晒亦可统一烘干，集约化种植的企业、农业合作社可使用烘干设备烘干入库。购置粮食烘干设备纳入政府补贴目录，政府通过购买服务的方式，对有资质的经营性服务组织按比例适当补助运转经费。

5.3.1.5.2　代储。按照布局合理、便于调运的原则，在县内国省道两侧建立5处粮食收储库点，总仓容为50万吨，通过商品粮流通综合服务，满足全县粮食储存需要。

5.3.1.6　其他服务。

5.3.1.6.1　金融保险服务。加大引入包括农业发展银行、农业银行、农商银行、村镇银行、小额贷款公司等在内的各类涉农金融机构，组建为农业服务的金融服务体系。争取夏粮收购贷款，支持农业企业收购农产品及国家储备粮收购。建立健全政策性农业保险工作长效机制，按照“政府引导、市场运作、自主自愿、协同推进”的原则，开展小麦政策性农业保险，县政府与中国人民财产保险股份有限公司按照农户出资20%、财政补贴80%的比例，引导农户增加农业保险参保率，提高政策到位率和理赔兑现率，确保全县参保率达到100%。

5.3.1.6.2　生产资料代购。供销合作社利用自身完整的生产资料经营服务网络、服务体系和全国合作总社及省、市供销社生产资料采购平台，积极供应优质种子、肥料、农药，努力提供包括测土配方施肥、病虫害防治、办班培训、指导施肥、示范种植、机耕、机播、机收和农产品购销等全程农业社会化服务。由基层社联系配送中心，按照定制代购的生产资料需求，减少中间环节，面向农民、种养殖大户、合作社和村委会直供价廉优质的农资产品。按照定制服务，为种植大户、家庭农场、农民合作社等提供订单式、托管式服务，合理施肥、科学用药，提高农资使用效率。其他服务主体亦可参照上述要求规范开展生产资料代购业务。

5.3.1.6.3　农机手培训。

5.3.1.6.3.1　培训对象。购置使用农业机械的农民，重点培训农机大户、农机服务组织、农机专业合作社以及设施农业设备操作等有关人员。

5.3.1.6.3.2　培训目标。参训农民通过培训掌握新型拖拉机、联合收割机、插秧机等有关农业机械的结构原理、操作规范、故障诊断与排除等知识，掌握重点推广的农业机械化新技术、作业规范和技术要点，掌握相关法律法规和安全操作常识，促进购机补贴政策的实施和农机化新技术的推广，提高农业机械化生产中机具的正确使用率，增强受训农民的技术应用示范带动作用，促进农业机械化新技术的应用普及，减少农机质量与安全事故。结合购机补贴政策和农业机械化技术推广项目，大力开展农机使用培训工作，建设一支有文化、懂技术、讲诚信、会操作、善经营、能致富、保安全的农机作业服务人才队伍，提高农民自身经营效益和农业生产效益，保障和提高农业生产能力，推进农业机械化科学发展，促进现代农业建设。

5.3.1.6.3.3　培训内容。包括公共基础知识、典型农业机械构造原理、农业机械维护保养技术、农业机械化新技术和农机使用操作实习等，各地可根据情况适当调整各内容的具体时间，但总时间一般不少于7天。

5.3.1.6.3.3.1　公共基础知识（1天，6学时）。

5.3.1.6.3.3.1.1　职业道德教育。包括农业机械驾驶操作人员职业道德基础知识与职业守则等内容。

5.3.1.6.3.3.1.2　法律法规知识。包括《中华人民共和国农业机械化促进法》《中华人民共和国道路交通安全法》及《实施条例》《农业机械安全监督管理条例》以及伤员急救和环境保护、跨区作业知识等。

5.3.1.6.3.3.1.3　常用油料知识。包括农业机械常用油料的种类、牌号、性能及应用，农业机械常用润滑油的牌号、性能及应用，农业机械常用液压油的牌号、性能及应用等。

5.3.1.6.3.3.1.4　产用计量换算。农业机械常用法定计量单位及换算知识。

5.3.1.6.3.3.2　典型农业机械构造原理（1天，6学时）。

根据农民购置的机型选择相应内容。

5.3.1.6.3.3.2.1　拖拉机。包括拖拉机的分类、型号表示方法和总体构造以及发动机、底盘、电气系统、液压系统的主要部件结构原理和工作原理。

5.3.1.6.3.3.2.2　联合收割机。包括联合收割机的分类，全喂入联合收割机、半喂入联合收割机、玉米联合收割机的主要部件结构原理和工作流程。

5.3.1.6.3.3.2.3　配套农机具。包括犁、旋耕机、耙、播种施肥机等的分类、主要工作部件、工作原理及工作过程。

5.3.1.6.3.3.3　农业机械维护保养技术（1天，6学时）。

主要包括农业机械维护保养目的、内容、零部件拆装原则，农业机械磨合试运转、农业机械保养技术、农业机械故障的诊断与排除、零件鉴定与简易修理等。

5.3.1.6.3.3.4　农业机械化新技术（1天，6学时）。

主要包括当地主要推广的农业机械化技术原理、实施效果、作业规范与技术要点等。

5.3.1.6.3.3.5　农机使用操作实习（3天，18学时）。

5.3.1.6.3.3.5.1　农业机械基本操作。包括启动发动机、起步、场地驾驶技术、道路驾驶技术、应急处置技术，拖拉机挂接农具和田间作业技术，以及安全注意事项。

5.3.1.6.3.3.5.2　农业机械化新技术。包括主要机具使用调试方法、作业规范、技术要领等。

5.3.1.6.3.3.5.3　农业机械维护保养技术。包括发动机、底盘、电气系统、液压系统和配套农具等部位的维护保养以及故障诊断与排除等。

5.3.1.6.3.4　培训形式。

采用课堂讲授、实习操作与现场参观等灵活多样和农民喜闻乐见的形式开展培训，应用多媒体、幻灯、实物以及解剖教具、模型、挂图、示教板等教学手段和教具，注重加强现场操作技能的训练与指导，以达到最佳的培训效果。一是聘请经验丰富的授课教师，讲授农机使用基础理论知识。二是选择农机使用典型案例进行讲授，丰富内容，引导学员思考分析，寻找解决问题的方法。三是通过操作实习，使学员在模拟与农业机械的实际操作中感受并获得亲身体验，并通过学员之间的交流尽快掌握使用农机新技术。四是通过理论考试和技能考核，考试和考核合格者颁发结业证书，保证培训效果。

5.3.1.6.3.5　培训教材。

教材包括通用类农业机械常识、当地主要推广的农业机械化技术和随机具赠送的操作使用说明等。通用类农业机械常识主要包括由农业部和省级农机部门组织编写的当地主要推广的农业机械化技术，根据农民购买机具选用，每人不超过1册，操作使用说明由生产企业或经销商免费随机具赠送。

5.3.1.7　田间管理培训。

组织由高级农艺师担任技术专家、100名技术指导员组成的农业技术指导队伍，深入乡村、田间地头开展培训，指导农民搞好农业生产，领着农民干，干给农民看。

5.3.1.7.1　农业技术推广体系完善。通过实施农技推广补助项目，全县形成高级农艺师担任技术专家，100名技术指导员组成的农业技术指导队伍，培育科技示范户5 000户，辐射带动户132 900户，科技进村入户率达100%，形成"专家—指导员—科技示范户—辐射带动户"稳定的科技入户机制。

5.3.1.7.2　农民培训平台建设完善。充分发挥齐河县农业广播学校农民教育培训主渠道作用，重点培训种植大户、家庭农场主、农民专业合作社骨干和农业龙头企业主要负责人等带动示范能力强的农民成为新型职业农民。同时利用开通县电视台专家讲座、齐河报专家金点子专栏和"农政通"手机短信平台等辅助手段，向广大农民普及以良种良法推广、病虫草鼠害防治、防灾减灾、农产品质量安全生产等为主要内容的农业技术知识。

5.3.1.8　病虫害信息服务。

县植保站全力做好病虫害监测，向服务组织提供病虫发生防治技术信息，制定小麦全程病虫害防治方案。强化宣传力度，提高经济效益和防治质量，保证农民统一购

买三证齐全、质量可靠的高效低毒农药或生物农药。

5.3.1.9 质量安全检测。

健全机构、充实队伍、完善手段，从生产源头到销售末端，加强质量安全监测，保证生产出的粮食符合国家有关的粮食及粮食安全标准要求。按照科学合理，便于监督、集中力量、方便群众的原则，科学设置农产品质量安全监管机构，形成县、乡、村的三级监管体系。成立县级农产品质量安全监管办公室，组建县级农产品质量安全检测中心；配备齐全检测人员、仪器设备，具备较强检测能力，县财政保障日常检测经费。全县15个乡镇街道办设立农产品质量监管站。县、乡农产品监管机构要有固定的办公场所，配备齐全办公设施、交通工具等，实现农产品质量监管工作有场所、服务有手段、下乡有工具。全县每个行政村设立一名村级监管员，对村农产品质量安全监督员进行适当补贴，促进其工作开展。

5.3.2 玉米生产服务内容及标准。

5.3.2.1 耕种服务。

灭茬、播种（种肥同播），使用种肥同播机，动力51.5千瓦以上，播种要求深度3～5厘米，田间出苗在90%以上，施肥一般每亩40～50千克复合肥或根据用户要求。

5.3.2.2 统防统治。

5.3.2.2.1 服务操作程序。同5.3.1.2.1。

5.3.2.2.2 田间防治草。苗前或苗后除草，播种后出苗前，在墒情好的情况下选择苗前封闭除草剂，苗后除草剂在玉米2～10叶期选择安全型除草剂，使用自走式机械作业，防治效果要求达到85%以上。

5.3.2.2.3 病虫害防治。苗期：以防治玉米蚜、蛀茎叶蛾、旋心虫、缺锌症为主。心叶期和穗期：以防治玉米螟、粘虫、纹枯病、叶斑病为主，兼治条螟、玉米蚜、蓟马，使用直升机和无人机飞防，利用地面远程喷雾设备补防，病害防治效果在80%以上，虫害防治效果在90%以上。

5.3.2.3 灌溉追肥。同5.3.1.3.1和5.3.1.3.2。

5.3.2.4 收获服务。

5.3.2.4.1 收获。玉米成熟后用玉米收获机作业，根据用户要求是否秸秆还田，籽粒损失率小于2%，果穗损失率小于5%。

5.3.2.4.2 烘干。玉米集中收获后，水分较大，农户可分散晾晒，在集约种植、集中入库的情况下，采取机械烘干措施及时降水，在全县四个基层收储库点，分别配置一套烘干设备，烘干能力为350吨/日处理原料。

5.3.2.4.3 代储。同5.3.1.5.2。

5.3.2.5 其他服务。

5.3.2.5.1　金融保险服务。争取秋粮收购贷款，用于玉米收购。建立健全政策性农业保险工作长效机制，按照"政府引导、市场运作、自主自愿、协同推进"的原则，引导农户增加农业保险参保率，提高政策到位率和理赔兑现率，确保全县玉米参保率维持在100%。

5.3.2.5.2　生产资料代购。同5.3.1.6.2。

5.3.2.5.3　农机手培训。同5.3.1.6.3。

5.3.2.5.4　田间管理培训。同5.3.1.7。

5.3.2.5.5　病虫害信息服务。同5.3.1.8。

5.3.2.5.6　质量安全检测服务。同5.3.1.9。

5.4　服务程序

5.4.1　确定服务项目，签订服务合同。

5.4.2　指定作业方案，组织实施并过程监督。

5.4.3　验收作业质量，落实合同执行情况。

5.4.4　如有争议，提交当地农业部门仲裁。

5.5　购买程序

政府购买服务采取竞争性立项的办法，择优扶持农民合作经济组织、专业服务公司等多元服务主体。政府主管部门下发购买服务通知，服务主体按时间要求报送实施方案和申请报告，乡镇政府重点推荐，县农业局、财政局等组织现场考核和评审，择优扶持；被确定为扶持对象的服务组织按要求报送服务合同；县农业局、财政局等组织人员全程指导和考核，每季作物收获前进行综合考评，根据考评结果兑现奖补资金。

5.6　质量提升

小麦、玉米种植社会化服务综合标准化耕地应实施深耕深松、土壤有机质提升、科学施肥等技术措施，耕作层土壤养分常规指标应达到当地中等以上水平。土壤改良与培肥措施应连续实施不少于3年。

5.6.1　耕地实施深耕深松。土体厚度与耕作层土壤疏松程度应满足作物生长及施肥、蓄水保墒等需求。耕地的土体厚度应在100厘米以上，且没明显的障碍因素，耕作层深度应大于25厘米。农田应保持每隔3年深耕、深松一次，使耕作层深度达到35厘米以上。

5.6.2　土壤培肥提升地力。耕作层土壤有机质含量应在15克/千克以上，酸碱度pH 6.5 ～ 8.0。土壤有机质提升技术主要包括秸秆还田、增施有机肥和绿肥翻压还田等。每年作物秸秆还田量不小于400千克/亩（干重）。有机肥包括农家肥和商品有机肥，农家肥按1 500 ～ 2 000千克/亩标准施用，商品有机肥按200 ～ 300千克/亩标准施用。施用的有机肥料应符合NY525《有机肥料标准》规定。

5.6.3　推广测土配方施肥。应根据土壤养分状况、产量水平确定各种肥料施用量，并对土壤氮、磷、钾及中微量元素、有机质含量、土壤酸化和盐碱等状况进行定期监测，根据实际情况不断调整施肥配方；通过机械化肥深施，提高化肥利用率。

5.6.3.1　冬小麦配方施肥方案。

增施有机肥培肥地力。一般每亩应施优质土杂肥2 000～3 000千克或商品有机肥200～300千克。秸秆还田的地块应将秸秆粉碎打细，每亩增施尿素5～7.5千克，有机肥和化肥均匀撒于地表后耕翻入土。目标产量500～600千克/亩的地块，小麦底肥每亩选用42%（14-22-6）的配方肥37～42千克、硫酸锌1～2千克，年后小麦起身拔节期追施尿素18～21千克，土壤速效钾含量低的地块追施38%（30-0-8）的配方肥30～35千克。目标产量600千克/亩以上的地块，小麦底肥每亩选用44%（14-22-8）的配方肥40～45千克、硫酸锌1～2千克，年后小麦拔节期追施38%(30-0-8)的配方肥35～40千克。

5.6.3.2　夏玉米配方施肥方案。

5.6.3.2.1　小麦秸秆粉碎还田实行玉米种肥同播。采用带秸秆切碎和抛撒功能的小麦联合收割机收割，小麦秸秆切碎长度≤10厘米，切断长度合格率≥95%，抛洒均匀率≥80%，漏切率≤1.5%。采用带施肥装置的播种机种肥同播，注意肥料侧施深施，与种子左右隔开8～10厘米，防止烧种和烧苗。

5.6.3.2.2　苗肥与穗肥相结合的施肥方。推荐配方：18-15-10(N-P_2O_5-K_2O)或相近配方。施肥建议：

5.6.3.2.2.1　产量水平550～650千克/亩，配方肥推荐用量30～35千克/亩，大喇叭口期追施尿素17～20千克/亩。

5.6.3.2.2.2　产量水平在650千克/亩以上，配方肥推荐用量35～40千克/亩，大喇叭口期追施尿素20千克/亩，建议补施粒肥，追施尿素3～5千克/亩。

5.6.3.2.3　施肥时期及方法。苗期：夏玉米定苗后至拔节前用施肥耧耠施，施肥深度7～10厘米，距离植株10厘米，施肥后及时覆土；大喇叭口期：施用施肥耧耠施，施肥深度10厘米以上，距离植株10厘米。

5.6.3.2.4　一次性施肥方案。推荐配方：29-10-6(N-P_2O_5-K_2O)或相近配方。施肥建议：

5.6.3.2.4.1　产量水平550～650千克/亩，含有30%～40%释放期为50～60天的缓控释氮素的配方肥推荐用量46～53千克/亩，苗期追肥一次性追施。

5.6.3.2.4.2　产量水平650千克/亩以上，含有30%～40%释放期为50～60天的缓控释氮素的配方肥推荐用量53～60千克/亩，苗期追肥一次性追施。

5.6.4　重金属污染物含量指标。耕作层土壤重金属等污染物含量指标应符合《土壤环境质量标准》（GB15618—2008）规定，影响作物生长和粮食品质的障碍因素应降到最低限度。

5.6.5　农田灌溉水质量指标。农田灌溉用水质量指标应符合《农田灌溉水质标准》（GB5084—2005）规定，影响粮食品质的项目应控制在标准值以下。

5.6.6　环境空气质量指标。农田环境空气质量指标应符合《环境空气质量标准》（GB3095—2012）规定，影响粮食品质的污染物浓度应低于基本项目浓度限值。

6　基本目标与保障措施

6.1　农业机械化

6.1.1　农业机械化单项作业水平，小麦机耕率、机播率、机收率应达到98%以上，玉米机播率应达到90%以上，玉米机收率应达到80%以上。

6.1.2　农机全程作业水平，平原地区应达到85%以上。

6.1.3　在小麦、玉米种植社会化服务综合标准化粮田区域内，每百亩耕地农机动力装备水平达到150千瓦，机具配套率达到1 ： 3。

6.1.4　在小麦、玉米种植社会化服务综合标准化粮田区域内，实施土地深耕深松、化肥机械深施、保护性耕作和秸秆综合利用等农机农艺融合新技术。

6.2　农业科技化

6.2.1　在小麦、玉米种植社会化服务综合标准化粮田中，主要农作物优良品种商品种子覆盖率达到100%，测土配方施肥覆盖率达到100%，农田节水覆盖率达到100%，秸秆还田覆盖率达到100%，病虫害统防统治覆盖率达到100%，大力推广现代化农业种植技术。

6.2.2　小麦、玉米高产稳产、产品质量安全、栽培模式等技术执行相应的标准或规程。

6.3　农业信息化

6.3.1　农业信息服务系统。在小麦、玉米种植社会化服务综合标准化粮田内，应建立耕地质量、土壤墒情、病虫草害、粮食生产环境、农情监测、旱涝信息、气象灾害预报预警等农业信息服务系统，主要服务于粮食生产的动态监测与自动测报。

6.3.2　监测测报服务系统。耕地质量、农田土壤墒情和虫情定位监测点的监测内容参照《耕地质量监测技术规程》（NY/T1119—2012）、《农田土壤墒情监测技术规范》（NY/T1782—2009）及有关病虫情监测技术规范执行。其他监测和测报参照相关标准和规范进行建设和运行。

6.3.3 物联网信息化工程在全县120万亩耕地范围内设置120个监测点，以实现对小麦、玉米苗情、墒情、病虫草情、灾情以及各生长阶段的长势、长相的动态监测。通过监测设备自动采集以下参数：作物长势长相、近地（小麦玉米随不同生育时期调整高度）处空气温度和湿度、土壤温度（重点监测地表及土壤10厘米）、土壤含水量（包括土壤0 ~ 20厘米、20 ~ 40厘米、40 ~ 60厘米相对含水量）、土壤pH、蒸发（腾）、日照时数、光照强度、风速、风向、降雨量等参数。同时考虑在重要的农作物生长环节、时间节点应用卫星遥感图片分析生长、产量测定等情况。根据实际需要和效果，动态图像实时传输；静态图像每天拍摄上传4次，从上午8点至下午17点，3小时一次；数据参数每小时采集上传一次。

6.4 服务社会化

6.4.1 技术服务提升。在小麦、玉米种植社会化服务综合标准化粮田内，有完善的农业技术服务机构，为农业粮食生产提供技术指导、农民培训、质量检验监测等技术服务。

6.4.2 规模经营扩大。在小麦、玉米种植社会化服务综合标准化粮田区域内，农业生产社会化、专业化、标准化服务水平明显提高，专业服务公司、农民专业服务组织及其他服务机构、人员的服务覆盖面和农民合作组织、种粮大户、家庭农场、生产企业等生产经营主体的规模经营面积占80%以上。

6.4.3 科学合理选择科学选择使用化肥、农药、农业机械等投入品，合理选择运用小麦、玉米收获、运输、烘干、加工、保鲜方式，防止产后污染、成分降解等。

6.4.4 金融保险保障提升小麦、玉米生产的金融保障率，稳定参保率在100%。

6.5 保障性措施

推进农业社会化服务综合标准化，是以公共服务机构为依托、多元专业服务组织为主体，为农业生产提供产前、产中、产后全过程综合配套服务，是农业生产管理体制和经济运行机制一项创新性工作，各乡镇和县直有关部门必须高度重视，动员社会力量积极参与。

6.5.1 加强组织领导。成立以县长为组长、分管县长为副组长，县农业局、水务局、质监局、财政局、金融办、审计局、供电公司、供销社等主管部门主要领导以及乡镇和县直有关部门分管领导为成员的农业生产社会化服务综合标准化工作领导小组，办公室设在县农业局，统筹协调项目实施。

6.5.2 健全管理制度。按章办事，规范操作，确保购买服务资金使用公开透明，公平公正，安全高效。完善服务组织章程，建立健全各项管理制度；实行民主决策、民主管理和民主监督；落实服务管理人员，明确分工、各负其责；制定生产技术规程和操作准则，加强人员培训，提高服务质量。

6.5.3 创新服务方式。农民专业服务组织、专业服务公司等服务主体要与群众签订全程化服务协议，提供从种到收全程服务。按照县农业局发布的服务指导价格收取服务费用，尽可能地让利于民，增强号召力和服务带动能力。

6.5.4 加强质量监管。制定农业社会化服务综合标准化绩效考核办法，按照考核办法和合同规定的内容，对服务质量实行跟踪问效和后续监管。根据服务的关键环节，逐项进行登记造册，服务对象签字认可、乡镇审核、县级复核。在作物收获前，组织专家进行抽样测产验收。把服务组织的服务质量、服务对象的认可度、平时检查和现场验收考核成绩，作为选择下一年度政府购买服务的重要条件之一，对成绩突出的服务主体进行表彰奖励，充分调动社会各方面力量参与实施农业社会化服务综合标准化工作的积极性。

7 综合标准化建后管理

7.1 体系管护

7.1.1 建立政府主导、农村集体经济组织管理和社会化服务组织、农户、专业管护人员实施的管护体系。

7.1.2 按照谁实施、谁受益、谁管护的原则，明确管护主体、管护责任和管护义务，办理移交手续，签订后期管护合同。由管护主体对各项工程设施进行经常性检查维护，确保长期有效稳定利用。

7.1.3 引导项目村农民成立市场化运作的农民用水户协会，让农民用水户会自始至终参与项目规划、建设和运行管护，成为建设工程的主体。

7.1.4 用户应定期进行电气设备和保护装置的检查、检修和试验，消除设备隐患，预防电气设备事故和误动作发生。用户电气设备危及人身和运行安全时，应立即检修。用电主体用电前应与供电企业签订《供用电合同》及相应附件，明确供用电设施的产权归属及维护责任。

7.1.5 为最大限度预防与减少因用电户内部电气绝缘损坏发生的人身触电、电气火灾等事故，巩固全社会用电安全的稳定局面，用电主体应装设剩余电流动作保护器。因用电主体不安装或使用已损坏的剩余电流动作保护器；超期、退出或强行投运剩余电流动作保护器等危及用电安全的，由此造成的后果由用电主体承担。

7.2 档案管理

7.2.1 采用信息化手段，对小麦、玉米种植社会化服务综合标准化粮田建设和利用的全过程进行管理，按照统一要求，逐一进行编号，遥感定位，设立标牌，建档立卡，实现集中统一、全程全面、动态管理。

7.2.2 利用小麦、玉米种植社会化服务综合标准化粮田信息管理平台，开展定

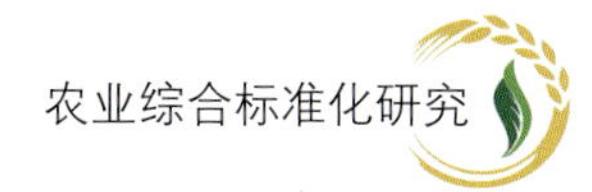

期逐级报备，实现粮田百千万方、基础设施、建设进度、技术人员、技术措施、管理服务机构等相关信息“上图入库”管理和信息共享。

7.2.3 及时将记载小麦、玉米种植社会化服务综合标准化粮田建设过程的有关管理、技术等文件，以及具有保存价值的各种载体资料进行立卷归档，确保材料真实、准确、完整。

山东省齐河县小麦、玉米质量安全生产标准综合体县市规范

目　录

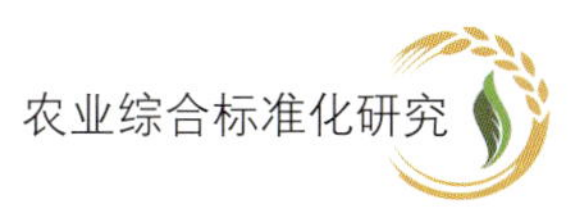

前　言

为规范山东省齐河县小麦、玉米质量安全生产，提高农田综合生产能力，推进农业现代化，保障国家粮食安全，制定本标准综合体县市规范。

本标准综合体县市规范按GB/T1.1—2009《标准化工作导则》和《农业综合标准化工作指南》的相关规则编制。

本标准综合体县市规范由山东省齐河县人民政府提出。

起草单位：山东省齐河县人民政府、农业部农村合作经济经营管理总站、中国社会科学研究院（中国城市发展研究会）

专家单位：农业部种植业司、农产品质量安全监管局、农村合作经济经营管理总站，国家标准化管理委员会农业与食品部，中国农业科学院，中国标准化研究院

评审组成员：关锐捷、潘文博、胡乐鸣、许长兴、张世煌、肖世和、田昭莹、董红岩、孙秀艳、鲁波、张长进、郭平银

起草负责人：周纳、张和田、崔洪亮

参加起草人：张涛、赵亮、董永、张永太、穆林、宋加军、孔红岭、戴兆山、杨兆强、张海文、李路路、张传江、杨东、王立宪、纪乐光

1　综合标准化适用范围

本标准综合体县市规范规定了山东省齐河县小麦、玉米质量安全生产综合标准化建设术语、区域划分、产能目标、建设内容、技术要求、综合服务、建后管护等方面的内容。

本标准综合体县市规范适用于政府主管部门和公益性服务部门对山东省齐河县小麦、玉米质量安全生产建设规划、初步设计、实施方案等文件编制，以及建设、评估和验收的工作指导和管理，适用于新型规模经营主体。

2　相关规范性引用文件

下列文件对于本文件的应用是必不可少的。凡是注日期的引用文件，仅所注日期的版本适用于本文件。凡是不注日期的引用文件，其最新版本（包括所有的修改单）适用于本文件。

GB1351　　小麦标准

GB1353	玉米标准
GB15618	土壤环境质量标准
GB3095	环境空气质量标准
GB5084	农田灌溉水质标准
GB50288	灌溉与排水工程设计规范
GB/T50363	节水灌溉工程技术规范
GB 50265	泵站设计规范
GB/T50817	农田防护林工程设计规范
GB/T20203—2006	农田低压管道输水灌溉工程技术规范
GB/T50363—2006	节水灌溉技术规范
GB50201—94	防洪标准
GB334—2001	敌百虫原药等49项农药国家标准
NY/T2148	高标准农田建设标准
NY525	有机肥料标准
NY/T1119	耕地质量监测技术规程
NY/T1782	农田土壤墒情监测技术规范
SL/T246—1999	灌溉与排水工程技术管理规程
SL18—2004	渠道防渗工程技术规范
SL23—2006	渠系工程抗冻胀设计规范
SL/T4—1999	农田排水工程技术规范
SL256—2000	机井技术规范
SL104—95	水利工程水利计算规范
SDJ72—94	水利建设项目经济评价规范
DB41/T766	农田防护林营造技术规程
DB37/T283—2000	农业机械作业质量 机械耕整地标准
DB37/T284—2000	农业机械作业质量 机械播种标准
DB37/T285—2000	农业机械作业质量 谷物机械收获标准

3 综合标准化建设术语

3.1 综合标准化的概念

为达到确定的目标，运用系统分析方法，建立标准综合体并贯彻实施的标准化活动；标准综合体是标准化对象综合及其相关要素按其内在联系或功能要求，以整体效益最佳，形成的相关指标协调优化、相互配合的成套标准。

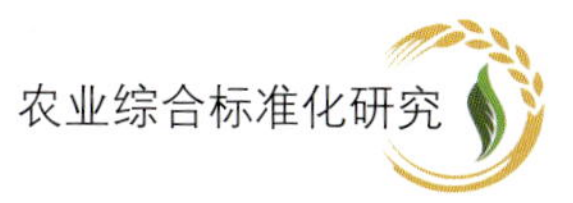

3.2 安全生产耕地质量

是指土地平整，集中连片，耕作层深厚，土壤肥沃，水肥气热协调，无坟头、无明显障碍因素，田间灌排设施完善，灌排保障较高，路、林、电等配套，技术集成到位，农机装备齐全，能够满足农作物高产栽培、节能节水、机械化作业等现代化生产要求，达到持续高产稳产、优质高效和安全环保，主要用于粮食生产的农田。

3.3 工程质量保证年限

指项目建成后，保证工程正常发挥效益的使用年限。

3.4 耕作田块质量要求

指由田间末级固定沟、渠、路等围成的基本单元。田块形状选择依次为长方形、正方形、梯形或其他形状，长宽比一般应控制在4 ∶ 1 ～ 20 ∶ 1。田块长度和宽度应根据地形地貌、作物种类、机械作业效率、灌排效率和防止风害等因素确定。

3.5 耕作田面的平整度

在一定的地表范围内两点间相对水平面的垂直坐标值之差的最大绝对值。

3.6 土壤的改良与培肥

指为改善土壤理化性状、提高土壤肥力和养分平衡状态，以及消除影响作物生长的土壤障碍因素而应用的工程、机械、物理、化学、生物等措施。

3.7 高效节水灌溉工程

3.7.1 设计标准。

3.7.1.1 灌溉保证率。井灌区管道输水灌溉工程：设计灌溉保证率85%；河灌、渠灌区管道输水灌溉工程：设计灌溉保证率80%；自流灌区末级渠系和田间工程建设与改造工程：设计灌溉保证率75%；提水灌区末级渠系和田间工程建设与改造工程：设计灌溉保证率75%。

3.7.1.2 灌溉水利用系数。管道输水灌溉工程灌溉水利用系数0.85，末级渠系节水改造工程灌溉水利用系数0.7。

3.7.1.3 水源工程。根据《泵站设计规范》（GB/T50265—97）及《水利水电工程等级划分及洪水标准》（SL252—2000）之规定，小型灌溉泵站设计防洪标准10年一遇，20年校核；大中型灌区末级渠系（流量小于1立方米/秒）、灌排建筑物的防洪标准为10年一遇。泵站装置效率不低于75%；灌溉水质应符合GB5084—92《农田灌溉水质标准》。

3.7.1.4 灌排系统。排涝标准的设计暴雨重现期采用5 ～ 10年一遇，主要建筑物防洪设计标准不低于10 ～ 20年一遇。

3.7.2 工程等级。

根据《灌溉与排水工程设计规范》（GB50288—99）的规定，小型灌溉泵站（装机小于1 000千瓦）工程等别为V等，水工建筑物级别为5级；大中型灌区末级渠系（流量小于1立方米/秒）、高效节水灌溉工程、控制面积3万亩以下的排水沟道等工程级别为5级，灌排建筑物为5级。

3.7.3　建设目标。

输水、配水、排水渠系布局合理，斗、农渠系畅通，纵横断面设计合理，土方工程做到"平、实、顺、直"；输配管道、涵等建筑物和田间灌溉设施配套齐全，性能与技术指标达到规范标准；水资源实行用水定额管理，配备必要的量水计价设施。

3.8　质量安全监管体系

指为提高农产品质量安全，按照科学合理，便于监督、集中力量、方便群众的原则，建立完善的农产品质量安全监管机构。

4　区域划分与建设规模

4.1　综合标准化区域划分

根据山东省齐河县小麦、玉米生产核心区建设规划，结合不同区域的气候条件、地形地貌、障碍因素、水源条件、生态环境条件和生产服务主体等，全县小麦、玉米种植区均为平原地区，质量安全生产综合标准化建设规模为80万亩，建设区主要包括焦庙、祝阿、华店、刘桥、潘店、仁里和胡官7个乡镇，约500个行政村。

4.2　"百千万方"的设定

小麦、玉米质量安全生产综合标准化的"百千万方"是指：耕地集中连片，田面平整，无影响大型机械化作业的废弃建筑物、村庄、重要交通干线和重要设施等障碍因素的连续田块。耕地连片面积最少100亩，少于1 000亩的方为"百亩方"；大于或等于1 000亩、少于10 000亩的方为"千亩方"；大于或等于10 000亩的方划为"万亩方"。原则上"百亩方"不跨自然村，"千亩方"不跨行政村，"万亩方"不跨乡（镇）。"百千万方"实行统一编号，建档立牌。

5　建设内容与技术要求

5.1　一般要求

5.1.1　小麦、玉米质量安全生产综合标准化建设区应选择在集中连片、基础条件较好、增产潜力大的基本农田。应具备可利用水资源条件，干、支骨干渠系及相关外部水利设施完善，水质符合灌溉水质标准，能够满足农田灌溉需求，综合标准化粮田建设后能显著提高粮食产量及品质。

5.1.2　田间基础设施占地率应不高于5%。

5.1.3　粮食年生产能力稳定在1 000千克/亩以上。

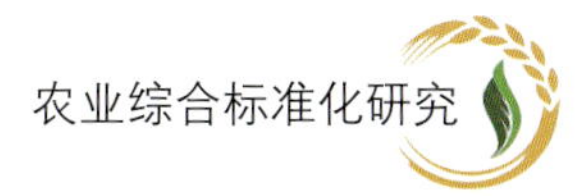

5.2 土地平整

5.2.1 耕作田块要相对集中连片，以主干道、固定灌排渠道和自然条件为基准，以适宜农业机械化作业、农作物管理和防止风害为要求，形成规则田块；田面平整，无影响耕作的废弃建筑物，田面平整度应符合NY2148《高标准农田建设标准》附录E的要求。

5.3 质量提升

小麦、玉米质量安全生产综合标准化耕地应实施深耕深松、土壤有机质提升、科学合理施肥等技术措施，耕作层土壤养分常规指标应达到当地中等以上水平。土壤改良与培肥措施应连续实施不少于3年。

5.3.1 土体厚度与耕作层土壤疏松程度应满足作物生长及施肥、蓄水保墒等需求。耕地的土体厚度应在100厘米以上，无明显的障碍因素，耕作层深度应大于25厘米。农田应保持每隔3年深耕、深松一次，使耕作层深度达到35厘米以上。

5.3.2 土壤培肥提升地力。耕作层土壤有机质含量应在15克/千克以上，酸碱度pH 6.5 ~ 8.0。土壤有机质提升技术主要包括秸秆还田、增施有机肥和绿肥翻压还田等。每年作物秸秆还田量不小于400千克/亩（干重）。有机肥包括农家肥和商品有机肥，农家肥按1 500 ~ 2 000千克/亩标准施用，商品有机肥按200 ~ 300千克/亩标准施用。施用的有机肥料应符合NY525《有机肥料标准》规定。

5.3.3 推广测土配方施肥技术。应根据土壤养分状况、产量水平确定各种肥料施用量，并对土壤氮、磷、钾及中微量元素、有机质含量、土壤酸化和盐碱等状况进行定期监测，并根据实际情况不断调整施肥配方；机械化肥深施，提高化肥利用率。

5.3.3.1 冬小麦配方施肥方案。增施有机肥，培肥地力。一般每亩应施优质土杂肥2 000 ~ 3 000千克或商品有机肥200 ~ 300千克。秸秆还田的地块应将秸秆粉碎打细，每亩增施尿素5 ~ 7.5千克，有机肥和化肥均匀撒于地表后耕翻入土。目标产量500 ~ 600千克/亩的地块，底肥选用42%配方肥（14-22-6）37 ~ 42千克/亩、硫酸锌1 ~ 2千克/亩，年后小麦起身拔节期追施尿素18 ~ 21千克，土壤速效钾含量低的地块追施38%（30-0-8）的配方肥30 ~ 35千克。目标产量600千克/亩以上的地块，底肥选用44%（14-22-8）40 ~ 45千克/亩、硫酸锌1 ~ 2千克/亩，年后小麦拔节期追施38%（30-0-8）的配方肥35 ~ 40千克。

5.3.3.2 夏玉米配方施肥方案。

5.3.3.2.1 小麦秸秆粉碎还田实行玉米种肥同播。采用带秸秆切碎和抛撒功能的小麦联合收割机收割，小麦秸秆切碎长度≤10厘米，切断长度合格率≥95%，抛洒均匀率≥80%，漏切率≤1.5%。采用带施肥装置的播种机种肥同播，注意肥料侧施深施，与种子左右隔开8 ~ 10厘米，防止烧种和烧苗。

5.3.3.2.2 苗肥与穗肥相结合的施肥方。推荐配方：18-15-10(N-P_2O_5-K_2O)或相近

配方。施肥建议：

5.3.3.2.2.1　产量水平。550 ~ 650千克/亩，配方肥推荐用量30 ~ 35千克/亩，大喇叭口期追施尿素17 ~ 20千克/亩。

5.3.3.2.2.2　产量水平。在650千克/亩以上，配方肥推荐用量35 ~ 40千克/亩，大喇叭口期追施尿素20千克/亩，建议补施粒肥，追施尿素3-5千克/亩。

5.3.3.2.3　施肥时期及方法。苗期：夏玉米定苗后至拔节前用施肥耧耠施，施肥深度7 ~ 10厘米，距离植株10厘米，施肥后及时覆土；大喇叭口期：施用施肥耧耠施，施肥深度10厘米以上，距离植株10厘米。

5.3.3.2.4　一次性施肥方案。推荐配方：29-10-6(N-P_2O_5-K_2O)或相近配方。施肥建议：

5.3.3.2.4.1　产量水平550 ~ 650千克/亩，含有30% ~ 40%释放期为50 ~ 60天的缓控释氮素的配方肥推荐用量46 ~ 53千克/亩，苗期追肥一次性追施。

5.3.3.2.4.2　产量水平650千克/亩以上，含有30% ~ 40%释放期为50 ~ 60天的缓控释氮素的配方肥推荐用量53 ~ 60千克/亩，苗期追肥一次性追施。

5.3.4　重金属污染物含量指标。耕作层土壤重金属等污染物含量指标应符合《土壤环境质量标准》（GB15618—2008）规定，影响作物生长和粮食品质的障碍因素应降到最低限度。

5.3.5　农田灌溉用水质量指标。应符合《农田灌溉水质标准》（GB5084—2005）规定，影响粮食品质的项目应控制在标准值以下。

5.3.6　农田环境空气质量指标。应符合《环境空气质量标准》（GB3095—2012）规定，影响粮食品质的污染物浓度应低于基本项目浓度限值。

5.4　灌排设施

灌溉系统完善，灌溉用水有保障，灌溉水质符合标准，灌溉制度合理，灌水方法先进。

5.4.1　按不同作物及灌溉需求实现相应的水源保障。水资源优先利用地表水，合理开采浅层地下水，严格控制开采深层地下水。井灌工程的井、泵、动力、输变电设备和井房等配套率应达到100%，机井工程质量保证年限10 ~ 15年，其他水源工程质量保证年限不少于20年。灌溉水源应符合GB5084《农田灌溉水质标准》规定。

5.4.2　根据灌溉规模、地形条件、田间道路、耕作方式等要求，合理布置各级输配水渠道及渠系建筑物。渠灌区田间明渠输配水工程包括斗、农渠，斗渠和农渠等固定渠道应进行防渗处理，防渗率不低于70%，工程质量保证年限不少于15年。

5.4.3　固定渠道和临时渠道（毛渠）应配套完备。渠道的分水、量水、联接和桥涵等渠系建筑物应完好齐全；末级固定渠道（农渠）以下应设临时灌水渠道，不允许在固定输水渠道上开口浇地。

5.4.4 井灌区采用管道输水，包括干管和支管两级固定输水管道及配套设施。管道配备标准应符合NY2148《高标准农田建设标准》规定。固定输水管道埋深应不少于80厘米。输水管道及其配套设施工程质量保证年限不少于15年。井灌区固定渠道应全部进行防渗处理。

5.4.5 因地制宜地选择渠道防渗、管道输水灌溉、喷微灌等节水灌溉工程模式；采用地面灌溉时，田间沟、畦应符合《灌溉与排水工程设计规范》(GB50288) 规定。灌溉水利用系数应不低于GB/T50363《节水灌溉工程技术规范》的规定。

5.4.6 灌溉设计保证率，按区划分：灌区灌溉设计保证率为50%，灌区灌溉设计保证率为75%；大型灌区渠系水利用系数0.53 ~ 0.65，灌溉水利用系数0.48 ~ 0.55；中型灌区渠系水利用系数0.60 ~ 0.75，灌溉水利用系数0.55 ~ 0.65。

5.4.7 排水沟要满足农田防洪、排涝、防渍和防治土壤盐渍化的要求。排水沟布置应与田间渠、路、林相协调，在平原地区一般与灌溉渠分离；灌区农田排涝标准5 ~ 10年一遇，1 ~ 3天暴雨从作物受淹起1 ~ 3天排至田面无积水。

5.4.8 泵站分为灌溉泵站和排水泵站，泵站的建设内容包括水泵，泵房，进、出水建筑物，变配电设备等。各项标准的设定应符合《泵站设计规范》的要求。变配电设备的设定应符合《供配电系统设计规范》《低压配电设计规范》的要求。

5.5 输配用电

5.5.1 农用输配电。主要为满足泵站、机井等供电。农用供电建设主要包括高低压线路和变配电设备。农田输配电工程布设应与排灌、道路工程相结合，符合电力系统安装与运行相关标准，保证用电质量和安全。农田输配电工程不得使用国家明令淘汰的电力设备与技术。

5.5.2 输电线路。低压输电线路宜采用低压电缆，应有相应标志。采用埋地敷设时，地埋线应敷设在冻土层以下，且深度不小于70厘米。高压输电线路的选择依据现场条件确定。采用架空线路时，为提高供电可靠性，应采用绝缘导线。线路避雷器、支撑绝缘子应采用复合式材料。采用电缆埋地敷设时，地埋线应敷设在冻土层以下，电缆外皮至地面深度不得小于0.7米。电缆线路应沿线路通道设置电缆标识桩，电缆投入使用前应进行安全性试验。

5.5.3 变配电设施。应采用符合国家或电力行业标准的试验合格的变台、变压器、配电箱（屏）、断路器、互感器、启动器、避雷器、接地装置、弱电井等相关设施。变压器外壳距地面建筑物的净距离不应小于80厘米；变压器装设在杆上时，无遮拦导电部分距地面应不小于350厘米，变压器的绝缘子最低瓷裙距地面高度小于250厘米时，应设置固定围栏，其高度宜大于150厘米；变压器进出线绝缘护套应采

用复合式材料。

5.5.4 弱电设施。应根据小麦、玉米质量安全生产综合标准化粮田现代化、信息化的管理和建设要求，合理布设。

5.6 田间道路

5.6.1 田间道路包括机耕路和生产路。田间道路布置应适应农业现代化的需要，在田、水、林、电、村规划的基础上，统筹兼顾，并合理确定田间道路的密度，确保农机具到达每一个耕作田块，促进田间生产作业效率的提高和耕作成本的降低。

5.6.2 机耕路包括机耕干道和机耕支道。机耕干道应能满足当地机械化作业的双向通行要求，机耕支道应能满足当地机械化作业的单向通行要求，并设置必要的错车点和末端掉头点；生产路应能到达机耕路不通达的地块。具体指标应符合NY2148《高标准农田建设标准》规定。

5.7 防护林网

5.7.1 农田林网建设对改善农田小气候、减少干热风危害、提高农作物产量具有重要意义，为使农田林网发挥最大效益，根据因害设防原则，合理设置农田防护林。区农田防护林网密度一般占耕地面积1% ～ 4%，区农田防护林网密度一般占耕地面积3% ～ 5%。林网网格面积控制在200 ～ 300亩，主林带（东西走向）应栽植3 ～ 5行树，副林带（南北走向）栽植2 ～ 3行树。主林带间距为树高的15 ～ 20倍（150 ～ 200米），副林带间距为主林带间距的1.5 ～ 2倍（230 ～ 300米）。树种宜选择根系深、树体高大、树冠较窄、速生、抗风、抗病虫害的乔木优良树种。

5.7.2 树木特点是树体高大，当发生病虫害时靠一家一户的普通仪器防治很难达到防治效果，还会因防治时间不统一而贻误时机，因此需用专用设备统一防治。为防止树木长势良莠不齐，要做到“四统一”：统一规划、统一打点、统一栽植、统一病虫害防治。确保栽上树能成活、成林，最大限度发挥其对农田的防护作用。

5.7.3 良田高产方涉及华店、刘桥、祝阿三个乡镇。方内主干道路总长约60公里。其中原有道路约20公里，林网比较齐全，需补植的树木很少，新建道路约40公里，需要新建林网。林网规划标准：主干道路两侧沟路之间设计栽植2行树，株距2米，行距1米，需植树4万株左右；垂直主干道路的沟渠路两侧，适宜栽树的也要栽植2行树，株距2米，行距1米。均采用“品”字型栽植。规划树种为107速生杨，苗木规格为胸径3厘米以上的壮苗。

5.7.4 农田防护林走向及树种，农田防护林走向应与田、路、渠、沟有机结合，采取以沟、渠、路定林。主防护林带应垂直于当地主风向，副林带垂直于主防护林带。应注意保护架空线路通道。10千伏及以下架空电力线路的通道宽度，不应小于线路两侧向外各延伸5米。通道附近范围内的树木应采伐。不得在电力通道内修建危及

电力线路安全的建筑物，不得堆放危及电力线路安全的物品。

5.7.5 农田防护林当年植树造林苗木应达到Ⅰ级苗木标准，造林当年成活率达到95%以上，3年后保存率达到90%以上。林相整齐，结构合理。

6 农业社会化综合服务

6.1 农业机械化

6.1.1 农业机械化单项作业水平，小麦机耕率、机播率、机收率应达到98%以上，玉米机播率应达到90%以上，玉米机收率应达到80%以上。

6.1.2 农机全程作业水平，平原地区应达到85%以上。

6.1.3 在小麦、玉米质量安全生产综合标准化粮田区域内，每百亩耕地农机动力装备水平达到150千瓦，机具配套率达到1 ∶ 3。

6.1.4 在小麦、玉米质量安全生产综合标准化粮田区域内，实施土地深耕深松、化肥机械深施、保护性耕作和秸秆综合利用等农机农艺融合新技术。

6.2 农业科技化

6.2.1 在小麦、玉米质量安全生产综合标准化粮田区域内，大力推广现代化农业种植技术，主要农作物优良品种商品种子覆盖率达到100%，测土配方施肥覆盖率达到100%，农田节水覆盖率达到100%，病虫害统防统治覆盖率达到100%，秸秆还田覆盖率达到100%。

6.2.2 小麦和玉米高产稳产、产品质量安全、栽培模式等技术执行相应的标准或规程。

6.3 农业信息化

6.3.1 在小麦、玉米质量安全生产综合标准化粮田区域内，应建立耕地质量、土壤墒情、病虫草害、生产环境、农情监测、旱涝信息、气象灾害预报预警等农业信息服务系统，主要服务于粮食生产的动态监测与自动测报。

6.3.2 耕地质量、农田土壤墒情和虫情定位监测点的监测内容，参照《耕地质量监测技术规程》（NY/T1119—2012）、《农田土壤墒情监测技术规范》（NY/T1782—2009）及有关病虫情监测技术规范执行。其他监测和测报参照相关标准和规范进行建设和运行。

6.3.3 物联网信息化工程建设。在全县120万亩耕地范围内设置120个监测点，以实现对小麦和玉米苗情、墒情、病虫草情、灾情以及各生长阶段的长势、长相的动态监测。通过监测设备自动采集以下参数：作物长势长相、近地（小麦、玉米随不同生育时期调整高度）处空气温度和湿度、土壤温度（重点监测地表及土壤10厘米）、土壤含水量（包括土壤0 ～ 20厘米、20 ～ 40厘米、40 ～ 60厘米相对含水量）、土壤

pH、蒸发（腾）、日照时数、光照强度、风速、风向、降雨量等参数。同时考虑在重要的农作物生长环节、时间节点应用卫星遥感图片分析生长、产量测定等情况。根据实际需要和效果，动态图像实时传输；静态图像每天拍摄上传4次，从上午8点至下午17点，3小时一次；数据参数每小时采集上传一次。

6.4　服务社会化

6.4.1　在小麦、玉米质量安全生产综合标准化粮田区域内，有完善的农业技术服务机构，为粮食生产提供技术指导、农民培训、质量检验监测等技术服务。

6.4.1.1　农业技术推广体系完善通过实施农技推广补助项目，全县形成由高级农艺师担任技术专家、100名技术指导员组成的农业技术指导队伍，培育科技示范户5 000户，辐射带动户132 900户，科技进村入户率达100%，形成"专家—指导员—科技示范户—辐射带动户"稳定的科技入户机制。

6.4.1.2　农民培训平台建设完善充分发挥齐河县农业广播学校农民教育培训主渠道作用，重点培训种植大户、家庭农场主、农民合作社骨干和农业龙头企业主要负责人等带动示范能力强的农业生产者成为新型职业农民。同时利用开通县电视台专家讲座、齐河报"专家金点子"专栏和"农政通"手机短信平台等辅助手段，向广大农民普及以良种良法推广、病虫草鼠害防治、防灾减灾、农产品质量安全生产等为主要内容的农业技术知识。

6.4.2　在小麦、玉米质量安全生产综合标准化粮田区域内，农业生产社会化、专业化、标准化服务水平明显提高，公益性服务机构、专业服务公司、农民专业服务组织及其他服务机构、人员的服务覆盖面和农民合作组织、种粮大户、家庭农场、生产企业等生产经营主体的规模经营面积占80%以上。小麦、玉米统防统治服务操作程序如下：

6.4.2.1　在作物播种前30天，由县农业局下达各乡镇玉米、小麦全程统防统治面积指标，县植保站根据服务组织的服务能力分解面积指标，服务组织根据各服务队所在区域（村庄）自行确定统防统治具体地块，但统防统治地块必须成方连片，不得少于300亩。

6.4.2.2　县植保站全力做好病虫害监测，向服务组织提供病虫发生防治技术信息，制定小麦、玉米全程病虫害防治方案。为提高防治质量，监督服务组织统一购买三证齐全、质量可靠的高效低毒农药或生物农药。服务组织与统防统治区的农户签订全程承包防治服务合同。在签订合同时，服务组织向农民收取减去补贴后的防治费用。

6.4.2.3　服务组织根据防治方案制定的防治药剂组织施药，每次施药时都必须做好详细的施药记录并由村委会签字确认。全生育期防治结束后，服务组织将承包合同、施药记录交县植保站审核，在确认服务组织完全履行合同后，将补贴经费由县农业或财

政部门支付给服务组织。防治工作结束后，由县农业局对防治完成情况进行评估验收。

6.4.3　指导生产者科学选择和使用化肥、农药、农业机械等投入品，合理选择和运用小麦、玉米的收获、运输、烘干、加工、保鲜方式，防止产后的污染、成分的降解等。

6.4.4　金融保险服务。加大引入包括农业发展银行、农业银行、农商银行、村镇银行、小额贷款公司等在内的各类涉农金融机构，组建为农业服务的金融服务体系。争取夏粮收购贷款，支持农业企业收购农产品及国家储备粮收购。建立健全政策性农业保险工作长效机制，按照“政府引导、市场运作、自主自愿、协同推进”的原则，开展政策性农业保险，县政府与中国人民财产保险股份有限公司，按照农户出资20%、财政补贴80%的比例，引导农户增加农业保险参保率，提高政策到位率和理赔兑现率，确保全县参保率达到100%。

6.5　质量安全化

6.5.1　按照科学合理，便于监督、集中力量、方便群众的原则，科学设置农产品质量安全监管机构，形成县、乡、村的三级监管体系。成立县级农产品质量安全监管办公室，组建县级农产品质量安全检测中心；配备齐全检测人员、仪器设备，具备较强检测能力，县财政保障日常检测经费。全县15个乡镇街道办设立农产品质量监管站。县、乡农产品监管机构要有固定的办公场所，配备齐全办公设施、交通工具等，实现农产品质量监管工作有场所、服务有手段、下乡有工具。全县每个行政村设立一名村级监管员，对村农产品质量安全监督员进行适当补贴，促进其工作开展。

6.5.2　小麦质量安全监测评估。每年5月、6月、7月，分3次开展评估工作。重点在小麦田间生长期（灌浆期）和收获、储藏环节进行专项评估。根据小麦种植的品种和农民施药习惯的不同，1万亩以上的小麦品种抽样20个，1万亩以下的抽样5 ～ 10个。根据小麦产品存在的突出风险隐患，锁定的主要危害因子为生物毒素（呕吐毒素DON、3-乙酰基脱氧雪腐镰刀菌烯醇3A-DON、15-乙酰基脱氧雪腐镰刀菌烯醇15A-DON、玉米赤霉烯酮ZEN、雪腐镰刀菌烯醇NIV、伏马毒素FB1）、重金属（镉、铬、镍）、农药残留（多菌灵）。

6.5.3　玉米质量安全监测评估。每年9月上旬、9月下旬、10下旬，分3次开展评估工作。重点在玉米产品田间种植、收获、储藏等环节取样验证。根据玉米种植的品种和农民施药习惯的不同，5万亩以上的小麦品种抽样20个，5万亩以下的抽样5 ~ 10个。依据玉米产品存在的突出风险隐患，在往年行业普查、风险专项监测结果的基础上，锁定生物毒素（呕吐毒素，玉米赤霉烯酮，黄曲霉毒素B1、B2、G1、G2，伏马毒素FB1、FB2、FB3）和等农药残留（吡虫啉、啶虫脒、克百威、辛硫磷、氯氟氰菊酯、杀螟丹）等危害因子。

7 综合标准化建后管理

7.1 工程管护

7.1.1 建立政府主导、农村集体经济组织管理、农户和专业管护人员实施的管护体系。

7.1.2 按照谁受益、谁管护的原则，明确管护主体、管护责任和管护义务，办理移交手续，签订后期管护合同。由管护主体对各项工程设施进行经常性检查维护，确保长期有效、稳定利用。

7.1.3 引导项目村农民成立市场化运作的农民用水户协会，让农民用水户会自始至终参与项目规划、建设和运行管护，成为建设工程的主体。

7.2 档案管理

7.2.1 采用信息化手段对小麦、玉米质量安全生产综合标准化粮田建设和利用的全过程进行管理，按照统一要求，将“百千万方”逐一编号、遥感定位、设立标牌、建档立卡，实现集中统一、全程全面、动态管理。

7.2.2 利用小麦、玉米质量安全生产综合标准化粮田信息管理平台，开展定期逐级报备，实现粮田“百千万方”、基础设施、建设进度、技术人员、技术措施、管理服务机构等相关信息“上图入库”管理和信息共享。

7.2.3 及时将记载小麦、玉米质量安全生产综合标准化粮田建设过程的有关管理、技术等文件，以及具有保存价值的各种载体资料进行立卷归档，确保材料真实、准确、完整。

专家评审意见

2015年1月17日，受中共山东省齐河县委、县人民政府委托，由农业部、国家标准委、中国农业科学院、中国社会科学院、山东省农业厅、德州市政府等部门专家组成的评审组，在北京对山东省齐河县人民政府与中国社会科学院城市发展研究会合作研究制订的《小麦、玉米生产社会化服务标准综合体县市规范》进行了研讨论证，提出评审意见如下：

一、该标准综合体规范以相关国家、行业、地方标准为依据，规定了齐河县小麦、玉米生产社会化服务综合标准化建设术语、区域划分、发展目标、建设内容、技术要求、综合服务和建后管护等方面的内容，规定了严格的科学标准，设计合理，内容翔实，具有超前性、创新性和可操作性，适用于小麦、玉米规模生产建设规划、初步设计、实施方案等文件编制，以及主管部门指导建设、评估和验收。

二、该标准综合体规范涵盖了小麦、玉米大面积优质高产创建的各主要环节，为进一步规范农业社会化服务，提高农田综合生产能力，培育发展新型生产主体和多元服务主体，促进政府购买公益性服务奠定了坚实基础，符合国家标准委将综合标准化作为推进标准化工作改革创新和重中之重的要求，符合农业部夯实国家粮食安全根基、推进现代农业建设的要求，成为中国绿色食品发展中心核准的全国最大绿色食品原料（小麦、玉米）标准化生产基地的重要支撑，在全国尚属首创，因而意义重大，值得各地粮食主产区和其他作物品种制定标准综合体研究、借鉴。

三、建议将该标准综合体规范进一步完善后，按程序审批核准后发布实施。

专家评审组长：[signature]

2015年1月17日

专家评审意见

2015年1月17日，受中共山东省齐河县委、县人民政府委托，由农业部、国家标准委、中国农业科学院、中国社会科学院、山东省农业厅、德州市政府等部门专家组成的评审组，在北京对山东省齐河县人民政府与中国社会科学院城市发展研究会合作研究制订的《小麦、玉米质量安全生产标准综合体县市规范》进行了研讨论证，提出评审意见如下：

一、该标准综合体规范以相关国家、地方标准为依据，规定了齐河县小麦、玉米质量安全生产综合标准化建设术语、区域划分、产能目标、建设内容、技术要求、综合服务、建后管护等方面的内容，对小麦、玉米生产的水质、大气、土壤、耕作、管理、科技以及农药使用、肥料择选、社会化服务等规定了严格的科学标准，设计合理，内容翔实，具有超前性、创新性和可操作性，适用于小麦、玉米质量安全规模生产建设规划、初步设计、实施方案等文件编制，以及建设、评估和验收。

二、该标准综合体规范涵盖了小麦、玉米大面积优质高产及社会化服务的各主要环节，为进一步规范粮食高产创建、质量安全生产、提高农田综合生产能力，奠定了坚实基础，符合国家标准委将综合标准化作为推进标准化工作改革创新和重中之重的要求，符合农业部夯实国家粮食安全根基、推进现代农业建设的要求，成为中国绿色食品发展中心核准的全国最大绿色食品原料（小麦、玉米）标准化生产基地的重要支撑，在全国尚属首创，因而意义重大，值得各地粮食主产区和其他品种制定标准综合体研究、借鉴。

三、建议将该标准综合体规范进一步完善后，按程序审批核准后发布实施。

专家评审组长：

2015年1月17日

“齐河模式”夯实国家粮食安全根基

关锐捷 周纳 董永

摘要：2014年，山东省齐河县20万亩粮食增产模式攻关核心区小麦、玉米和全年平均亩产刷新三项全国最大面积高产纪录。“两大经营主体创新、两大综合标准规范、三大支撑举措强化”共铸现代农业的齐河模式，有效破解了“谁来种地”“如何种地”“种地富民”的发展窘境，扎实打牢了国家粮食安全根基，其经验值得粮食主产区研究、学习、借鉴。

经农业部专家组的实打验收确认，以“整建制大方田”推进粮食大面积均衡增产、连续6年荣获全国粮食生产先进县和全国粮食生产先进县标兵称号的山东省齐河县，2014年20万亩粮食增产模式攻关核心区平均亩产获得了三个全国第一：小麦715.97千克，玉米786.30千克，小麦加玉米全年实现亩均“吨半粮”，达到1 502.27千克，刷新全国最大面积高产纪录。实践证明：“两大经营主体创新、两大综合标准规范、三大支撑举措强化”共铸现代农业的齐河模式，有效破解了“谁来种地”“如何种地”“种地富民”的发展窘境，扎实打牢了国家粮食安全根基。

两大经营主体创新现代农业

经营组织、经营机制创新是现代农业建设的核心和基础，构建新型农业经营体系的重点是：培育、发展、壮大新型生产主体和多元服务主体。

——新型生产主体蓬勃发展。为推进粮食生产规模化、集约化，齐河县以培育新型职业农民为目标，在党委、政府“重农抓粮”的工作机制保障下，通过整建制推进、大方田引领，鼓励有能力的农户流入土地经营权发展成为专业大户、家庭农场，对不愿放弃土地经营权、暂时又不能做大做强的分散农户，鼓励引导支持加入合作社。截至目前，全县累计转移农村劳动力20万人，流转土地38万亩，占耕地总面积的31%，其中出租、转包形式分别占流转总面积的70%和27%，互转、转让和入股等其他形式占3%，土地确权登记颁证完成90%；全县发展百亩以上种粮大户117个、农民合作社1 066个、家庭农场71个。

齐河县创新推出土地流转新模式——家庭联营股份合作制，打造出家庭承包制的“升级版”。祝阿镇建忠粮食种植合作社，在坚持土地集体所有权和农民承包权基础上分离土地经营权，按照“联户经营、土地入股、按股分红、核算透明、利益联结、科技支撑”原则，将4 700亩土地承包权转化为股权，由“家家有地”变为“户户有股”，经营权交由合作社，实行科技统领、农资统供、农机统配、病虫统防、品牌统建和产品统销“六统一”，利润分配保障“三个利益”，兼顾集体、承包者和经营者三方，实现农业增产增效和农民增收。种植小麦每亩地比农户个人经营节省60元左右，销售价格比市场价每千克高0.02元，加上年底按股分红，每亩地总增收100多元，还可获得在合作社劳动或在外务工的工资。每年收益的10%留作集体积累、风险基金、公共事务和福利事业等开支。

华店镇宋庄村支部书记联合14个农机手，自带机械、流转土地2 000亩入股，成立了德金农机股份合作社。股权设置资产股和现金股，其中资产股包括土地承包经营权和农机设备，现金股是启动合作社运作向股东筹集的现金。盈利后按合作社章程提取公积金5%、公益金4%、风险基金5%，剩余按股分红。对托管土地社员实行“收入保底”政策，并随着粮食销售价格上涨逐年提高。

齐河巨能鲁齐粮油食品有限公司年可加工小麦1亿千克，采用“企业+基地+农户”“种粮大户+基地+农户”等多种经营模式，大力发展订单生产，扩大订单面积。公司与流转耕地1.32万亩的种粮大户王成亮合作，采用标准化农业生产技术，种植优质小麦，单产高出全县平均水平15%，销售价格高出市场平均水平10%，被农业部评为“全国种粮大户”。

——多元服务主体应运而生。建设覆盖全程、综合配套、便捷高效的社会化服务体系，让农业生产简单化、方便化、标准化、社会化，为农民、农业提供全方位服务，是提高农业组织化程度、土地规模化水平、解决小生产与大市场矛盾的重要手段，是稳定和完善农村基本经营制度、维护农民合法权益的重要保障，是确保国家食物安全、实现农业现代化的必然要求。在土地适度规模流转和粮食生产集约经营的新形势下，齐河县按照主体多元化、服务多样化的方式，将公益性服务与经营性服务有机结合，构建以政府公益性农业服务机构为支撑，以专业服务公司、农民合作社、农民协会、农资经营户等经营性实体广泛参与的新型社会化服务体系，在产前、产中、产后等农产品生产经营全过程，通过开展菜单式、托管式、承包式等多种形式服务，不仅满足了广大农户的不同层次、不同类型的生产需要，实现了土地规模化经营和集约化生产，而且解决了一家一户办不了、办不好、办起来不划算的问题。目前，全县各类经营性服务组织168家，形成由500多个农机大户、147个农机专业合作社、1个农机股份合作社、1个专业服务公司组成的农机社会化服务体系，农机保有量5.2万台套、总动力230万千瓦，年作业服务面积720万亩，其中订单作业服务面积占27%，粮食生产基本实现全程机械化，全县农作物耕、种、收综合机械化水平达到97%以上。

2013年下半年组建、投资1 500万元的齐力新农业服务有限公司，是专门为农民提供代耕、代播、代防、代灌、农技培训等“四代一培”综合服务的公司，拥有各类机械设备680台套，凝聚服务主体18家、社会资金800多万元、专业技术人员66名、机械手520人、季节性用工1 000多人，具备100万亩作业能力。以往病虫害防治农户自己配制农药，背着喷壶人工喷洒，由于各家配制农药的浓度不同，不仅达不到灭虫的效果，还会出现虫害在农田之间四处乱窜的现象。现在实施统防统治“一喷三防”，专业服务组织统一按照科学方法配比农药，在统一时间对病虫害实施第一时间的防治，较个人防治每亩节省费用7 ～ 10元。2014年，拥有大型飞防直升机1架、小型遥控飞防机4架的齐力新公司，对包括20万亩核心区在内的粮田实施了统一“飞防作业”，总计面积40多万亩。正所谓：齐心协力开拓新路,齐河借力重推服务，齐抓共管种田舒服，齐头并进同享幸福。

齐河县用工业理念发展农业，不断延长产业链，努力融合“种养加”“产供销”价值链。全县共有粮食种植及深加工龙头企业80多家，粮食年深加工转化率占全县粮食总产的60%。开启订单小麦“绿色通道”和“绿色窗口”服务，鼓励巨能鲁齐、鲁粮工贸、万方饲料、旺旺集团等粮油龙头企业投资前移，建立粮食生产基地，展开订单生产，让粮食企业与农民签订的“小订单”延伸为与主销区签订的“大订单”，密切产加销衔接，全县订单农业面积达60万亩，其中20万亩核心区全部实现订单收购，每千克粮食价格平均高于市场价0.2元，实现了粮食增产、农民增收、农业增效。

两大综合标准规范现代农业

坚持整建制推进、大方田引领，一张规划蓝图抓到底，高标准建设，规范化推进。2008年，齐河县率先整合农业基础建设项目，集成配套增产技术集中打造，开展粮食高产创建试点。2009年以来，累计投资3.93亿元，建成了农业部20万亩粮食增产模式攻关核心区，涉及焦庙、刘桥、祝阿、华店、晏城、潘店6个乡镇122个村庄，总面积由最初的3万亩扩大到20.98万亩。“大方田”建设田间网格化、道路林网化、排灌设施化、管理精细化，“沟、路、渠、桥、涵、闸”相配套，实现了“田成方、林成网、渠相通、路相连、旱能浇、涝能排”，成为全国标准最高、规模最大的高产创建示范方，不仅有利于大型农业机械作业，而且能充分发挥耕地的规模效应。2013年，在焦庙、祝阿等乡镇选取5个点，每个点规划1 000亩高标准粮田，采取高产栽培技术，示范推广粮食增产模式，在全国率先实现“千亩吨半粮”目标。2014年全县粮食总产量突破13.65亿千克，平均亩产1 197.7千克，实现“十二连增”，成为连续八年总产过10亿千克的超级产粮大县。

为进一步规范小麦、玉米质量安全生产和社会化服务，推动农业现代化，提高农田综合生产能力，保障国家粮食安全，培育创新农业社会化服务经营主体，抢占全国粮食生产的制高点，为政府购买公益性服务奠定基础，齐河县在全国率先开展农业综合标准化研究，委托中国社会科学院城市发展研究会，邀请农业部种植业司、质量安全监管局、合作经济经营管理总站和国家标准化管理委员会农业与食品部、中国标准化研究院、中国农业科学院等专家以及本县各主管部门共同研究制定了《山东省齐河县小麦、玉米质量安全生产综合标准体系》和《山东省齐河县小麦、玉米种植社会化服务综合标准体系》。

所谓综合标准化，是指为达到确定的目标，运用系统分析方法，建立标准综合体并贯彻实施的标准化活动；标准综合体是标准化对象综合及其相关要素按其内在联系或功能要求形成的相关指标协调优化、相互配合的成套标准。综合标准化,是国家标准委近年来推进标准化工作的改革创新和重中之重。国标委、中标院的专家认为，齐河县即将出台和推行的两个综合标准体系，对小麦、玉米生产的水质、大气、土壤、耕作、管理、科技、农药使用、肥料择选、社会化服务等规定了严格的科学标准，具有超前性、创新性和可操作性，在全国首屈一指。

——粮食生产安全质量综合标准。该综合标准体系以27个相关国家、地方标准为依据，规定了齐河县小麦、玉米质量安全生产综合标准化建设术语、区域划分、产能目标、建设内容、技术要求、综合服务、建后管护等方面的内容，适用于小麦、玉米质量安全生产建设规划、初步设计、实施方案等文件编制，以及建设、评估和验收。

——粮食种植系列服务综合标准。该综合标准体系以30个相关国家、地方标准为依据，规定了齐河县小麦、玉米种植社会化服务综合标准化建设术语、区域划分、发展目标、建设内容、技术要求、综合服务和建后管护等方面的内容，适用于小麦、玉米质量安全生产建设规划、初步设计、实施方案等文件编制，以及建设、评估和验收。

三大支撑举措强化现代农业

保障粮食安全，根本在耕地，出路在科技，动力在政策，基础在农民，重点在大县。齐河县以人力、财力、动力三大支撑举措，为粮食生产铺路助阵、保驾护航。每年的县委1号文件、县政府工作报告，都把粮食生产摆在重要位置，明确提出要人给人、要钱给钱、要政策给政策的“三要三给”指导方针，切实强化了“重农抓粮”的工作机制。将高产创建这一农业部门行为，转变为县委、县政府的行政推动，形成了上下一致、协同作战的整体合力。

——注重人力保障。坚持粮食生产一把手抓、抓一把手，组建县委书记任主任、县长任副主任、分管领导具体负责的粮食高产创建推进委员会，各乡镇（街道）成立了党委、政府主要负责同志任组长的高产创建领导小组，县、乡、村层层签订高产责任书；出台《全县整建制粮食高产创建工作考核办法》，将粮食高产创建纳入科学发展综合考评体系，实行月通报、半年初评、年终总评，并集中表彰奖励。

村级党组织是党在农村基层的战斗堡垒，抓好农村支部书记队伍建设，就抓住了农村基层组织建设的“牛鼻子”。2013年以来，齐河县探索实行了村党支部书记专职管理，改变以往支部书记由乡镇党委单一管理模式，实行乡镇党委任免管理、县委组织部审核备案。平时调整，由乡镇党委上报请示，县委组织部查核同意后，启动调整程序，并全程参与；在选任方式上严格执行“两推一选”。换届时，依法依程序调整选任。由县财政按月发放工资，人社局建立档案，办理养老保险，明显提高了工作积极性，激活了农村“一盘棋”。焦庙镇周庄村是粮食生产专业村，以往村民大都单打独斗，粮食生产能力低下，实行“专职化”管理后，村支部书记牵头成立了粮食种植合作社，不仅促进了土地经营权有序流转，而且有效增加了村民和集体收益。

粮食增产的根本出路在科技。齐河县组建了61人的农技队伍，每个乡镇配备了不低于10人的农技推广队伍，示范区每村选择了10个科技示范户，形成了“县有技术专家、乡有技术骨干、村有技术标兵”的三级科技服务体系，解决了良种良法示范推广“最后一公里”的问题。全方位推进的冬小麦良种选择、秸秆还田、深耕深松、宽幅精播、播前播后镇压、浇越冬水、氮肥后移、一喷三防“八统一”和玉米高产耐密品种、贴茬单粒精播、种肥同播、宽垄密植、测土配方施肥、适期晚收、一防双减“七配套”关键技术，在20万亩核心区实现了100%全覆盖。藏粮于地，让农民体会到了什么是“旱涝保收”；藏粮于技，则让农民对依靠种粮致富有了新的期望。

——**强调财力支撑**。采取多种方式，持续不断加大粮食生产的资金投入。县级财政每年拿出1亿元，支持粮食等农业产业发展。在小麦、玉米生产的关键技术环节，齐河县加大投入，引导示范农民使用新技术模式。如县财政连续两年投入2 000多万元，对全县60万亩夏玉米实行免费统一供种；连续三年对20万亩核心区实施深耕深松作业补贴，全县小麦深耕深松面积达60%以上；连续四年每年补贴购置小麦宽幅播种机近600台套，成为山东省小麦宽幅精播第一县；2014年又新购置田间施肥机3 000台、速效氮肥800吨。

齐河县深入推进金融服务进村入社区、阳光信贷和富民惠农创新“三大工程”建设，在传统信贷产品的基础上，创新推出“农机保”贷款产品，对种粮大户、农民合作社等主动上门服务，对有贷款需求的及时提供资金支持，全县涉农贷款余额43.69亿元；采用市场化手段，吸引工商资本发展农业产业，近5年累计吸纳工商资本20多亿元，建设农业产业园区245个；搭建政府投融资平台，成立齐河投资控股集团，与中国农科院发起建立30亿元的“中农（齐河）产业投资基金”，有效解决了农业发展“钱从哪里出”的问题。

——**强化动力激励**。齐河县先后出台了多项政策措施，引导土地经营权向种粮大户、家庭农场、种粮合作社流转。2012年制定的《农业奖扶政策》，对百亩以上种粮大户，每亩给予20～100元的补贴，并在农机具补贴、免费供种等方面给予倾斜；对被评为县、市、省级示范社的，分别给予5 000～20 000元的奖励。2014年出台了《农业专业合作社奖扶办法》，县财政拿出500万元专项资金，对新型农业经营、服务组织进行扶持奖励。2014年，县财政筹资6.2亿元，规划实施“8521”工程，即全县百万亩粮田，规划80万亩高产创建示范区，建设50万亩高产创建中心区，提升20万亩粮食增产模式攻关核心区和打造1万亩“玉米单季吨粮”高产攻关展示区，整建制打造粮食高产稳产“黄河大粮仓”。

根据最新规划，齐河县将在2015年实现80万亩“吨半粮”已被中国绿色食品发展中心核准为全国最大的绿色食品原料（小麦、玉米）标准化生产基地，2016年全县种粮面积将实现“吨半粮”。一条以集约、高产、提质、富民、强县打造“华夏第一麦”的现代农业发展之路正在齐河大地延伸……

（作者按序系农业部研究员、中国社会科学院教授、农业部农村经济体制与经营管理司挂职干部）

齐河80万亩绿色食品原料（小麦、玉米）标准化生产

创建全国绿色食品
原料标准化生产基地申请书

申请单位（盖章）：齐河县人民政府

基　地　名　称：全国绿色食品原料（小麦）标准化生产基地

填　表　日　期：2014年3月20日

农业部绿色食品管理办公室

中国绿色食品发展中心

填　写　说　明

一、本申请书一式两份，一份留存省绿办，一份报送农业部绿色食品管理办公室和中国绿色食品发展中心。

二、申请书的内容可打印或用蓝、黑钢笔或签字笔填写，语言规范准确、印章（签名）端正清晰。

三、表格及项目应如实填写，不得空缺。

四、申请书格式可从 http://www.greenfood.org.cn 下载，用 A4 纸打印。

五、本申请书由农业部绿色食品管理办公室和中国绿色食品发展中心负责解释。

表一　申请基地概况

填表日期：2014 年 3 月 20 日（申请单位盖章）

申请单位名称	齐河县人民政府		
创建绿色食品基地名称	全国绿色食品原料（小麦）标准化生产基地		
是否为国家级贫困县	否	是否在全国优势农产品产业带	是
基地作物名称	小麦	种植规模（万亩）	80.345
总产量（吨）	400000	农户数（户）	61328
对接企业（家）	3	龙头企业对接面积（万亩）	56.8233
对接绿色食品企业（家）	1	绿色食品企业对接面积（万亩）	23.5217
基地建设领导小组负责人	王晓东	联系电话/传真	0534-5325406
基地办负责人	崔洪亮	联系电话/传真	0534-5325406
联系地址	山东省德州市齐河县齐心大街 33 号	邮编	251100
创建起始时间	2014 年 3 月		
基地环境质量现状及其作物特点简介	小麦基地远离城市、工矿区及主要交通干线，基地区域及周边无“三废”排放企业和城市生活垃圾等污染源。农田大气环境良好，灌溉水质、土壤环境质量均要符合NY/T391—2000《绿色食品 产地环境技术条件》要求。 小麦属于禾本科的小麦属，一年或二年生草本植物，茎直立，中空，叶子宽条形，子实椭圆形，腹面有沟。子实供制面粉，是主要粮食作物之一。小麦子粒含有丰富的淀粉、较多的蛋白质、少量的脂肪，还有多种矿物质元素和维生素 B，是一种营养丰富、经济价值较高的商品粮。		

填表人：丁丽梅

表二 基地概况

填表日期：2014 年 3 月 20 日（申请单位盖章）

基地单元名称（乡、镇）	基地单元编号	基地单元规模（亩）	预计产量(吨)	农户数（户）	基地单元负责人
晏城街道办事处	37142501	92230	46000	3966	宁德勇
华店乡	37142502	94270	47000	6704	鞠鲁江
祝阿镇	37142503	58512	29000	3458	董崇浩
焦庙镇	37142504	90852	45000	5897	李怀圣
潘店镇	37142505	118000	59000	7993	王光清
胡官屯镇	37142506	101190	50000	8000	彭学猛
刘桥乡	37142507	85853	43000	8152	谯岳
仁里集镇	37142508	113118	56000	12632	郭启新
赵官镇	37142509	49425	25000	4526	王俊磊
合 计		803450	400000	61328	

备注：如本页不够，可附加表格。

填表人：丁丽梅

表三 基地产业化经营龙头企业名单

填表日期：2014 年 3 月 20 日（申请单位盖章）

企业名称	对接基地单元名称	对接基地单元面积（亩）	年使用基地原料量（吨）	企业性质
齐河县巨能鲁齐粮油食品有限公司	祝阿镇	58512	29000	省级龙头企业、绿色食品企业
	焦庙镇	90852	45000	
	刘桥乡	85853	43000	
齐河百益德面业有限公司	晏城街道办事处	92230	46000	市级龙头企业
	华店乡	94270	47000	
	潘店镇	118000	59000	
	胡官屯镇	101190	50000	
山东晟源粮油食品有限公司	仁里集镇	113118	56000	市级龙头企业
	赵官镇	49425	25000	

备注：1. 如本页不够，可附加表格。

2.企业性质包括以下四项，可选择其中一项或两项（A、国家级龙头企业；B、省级龙头企业；C、市级龙头企业；D、绿色食品企业）。

填表人：丁丽梅

表四　基地农药、肥料使用情况

填表日期：2014 年 3 月 20 日（申请单位盖章）

作物名称	小麦	种植规模（亩）	803450
年产量（吨）	400000	收获时间	6 月上旬
主要病虫害	锈病、白粉病、纹枯病、蚜虫 、吸浆虫、一年生杂草		

	农药名称	剂型规格	目的	使用方法	每次用量（或浓度）	全年使用次数	末次使用时间
农药使用情况	多菌灵	50%`可湿性粉剂	锈病、纹枯病、白粉病	拌种	13g/亩	1	10月上旬
	绿麦隆	25%可湿性粉剂	一年生杂草	喷施	600g/亩	1	11 月下旬
	三唑酮	15%可湿性粉剂	锈病、白粉病	喷施	80g/亩	1	3 月中旬
	高效氯氰菊酯	4.5%乳油	蚜虫 、吸浆虫	喷施	20ml/亩	1	4 月中旬

	肥料名称	类别	使用方法	使用时间	每次用量（千克/亩）	全年用量	末次使用时间
肥料使用情况	腐熟有机肥	有机肥	基肥	10 月上旬	3000	3000	10 月上旬
	尿素	无机肥	基肥	10 月上旬	10		
			追施	3 月中旬	15	25	3 月中旬
	磷酸二铵	无机肥	基肥	10 月上旬	25	25	10 月上旬
	硫酸钾	无机肥	基肥	10 月上旬	10		
			追肥	3 月中旬	10	20	3 月中旬
	磷酸二氢钾	无机肥	追肥	5 月下旬	0.6	0. 6	5 月下旬

填表人：丁丽梅　　　　种植单位负责人：崔洪亮

表五 省绿办（中心）审核表

<table>
<tr><td>检查员
意见</td><td>现场检查合格与否（　　　）
材料审核合格与否（　　　）

检查员一签字:　　　　　　　　检查员二签字:

年　　月　　日</td></tr>
<tr><td>省绿办
（中心）
意见</td><td>年　　月　　日（盖章）</td></tr>
</table>

创建全国绿色食品
原料标准化生产基地申请书

申请单位（盖章）：齐河县人民政府

基　地　名　称：全国绿色食品原料（玉米）标准化生产基地

填　表　日　期：2014年3月20日

农业部绿色食品管理办公室

中国绿色食品发展中心

填　写　说　明

一、本申请书一式两份，一份留存省绿办，一份报送农业部绿色食品管理办公室和中国绿色食品发展中心。

二、申请书的内容可打印或用蓝、黑钢笔或签字笔填写，语言规范准确、印章（签名）端正清晰。

三、表格及项目应如实填写，不得空缺。

四、申请书格式可从 http://www.greenfood.org.cn 下载，用 A4 纸打印。

五、本申请书由农业部绿色食品管理办公室和中国绿色食品发展中心负责解释。

表一 申请基地概况

填表日期：2014 年 3 月 20 日（申请单位盖章）

申请单位名称	齐河县人民政府		
创建绿色食品基地名称	全国绿色食品原料（玉米）标准化生产基地		
是否为国家级贫困县	否	是否在全国优势农产品产业带	是
基地作物名称	玉米	种植规模（万亩）	80.345
总产量（吨）	400000	农户数（户）	61328
对接企业（家）	3	龙头企业对接面积（万亩）	19.379
对接绿色食品企业（家）	2	绿色食品企业对接面积（万亩）	60.966
基地建设领导小组负责人	王晓东	联系电话/传真	0534-5325406
基地办负责人	崔洪亮	联系电话/传真	0534-5325406
联系地址	山东省德州市齐河县齐心大街 33 号	邮编	251100
创建起始时间	2014 年 3 月		
基地环境质量现状及其作物特点简介	基地环境符合 NY/T391—2000《绿色食品 产地环境技术条件》要求，基地内无工业“三废”和城市生活垃圾等污染源。 玉米属于禾本科玉蜀黍族玉蜀黍属玉米种，学名玉蜀黍，俗称棒子、玉茭、苞米、苞谷。玉米的特点是籽粒顶端凹陷，粉质，易碾碎。玉米中含有较多的粗纤维，比精米、精面高 4~10 倍。玉米中还含有大量镁，镁可加强肠壁蠕动，促进机体废物的排泄。玉米还能抑制抗癌药物对人体的副作用，刺激大脑细胞，增强人的脑力和记忆力等作用。		

填表人：丁丽梅

表二 基地概况

填表日期：2014 年 3 月 20 日（申请单位盖章）

基地单元名称（乡、镇）	基地单元编号	基地单元规模（亩）	预计产量(吨)	农户数(户)	基地单元负责人
晏城街道办事处	37142501	92230	46000	3966	宁德勇
华店乡	37142502	94270	47000	6704	鞠鲁江
祝阿镇	37142503	58512	29000	3458	董崇浩
焦庙镇	37142504	90852	45000	5897	李怀圣
潘店镇	37142505	118000	59000	7993	王光清
胡官屯镇	37142506	101190	50000	8000	彭学猛
刘桥乡	37142507	85853	43000	8152	谯岳
仁里集镇	37142508	113118	56000	12632	郭启新
赵官镇	37142509	49425	25000	4526	王俊磊
合 计		803450	400000	61328	

备注：如本页不够，可附加表格。

填表人：丁丽梅

表三　基地产业化经营龙头企业名单

填表日期：2014 年 3 月 20 日（申请单位盖章）

企 业 名 称	对接基地单元名称	对接基地单元面积（亩）	年使用基地原料量（吨）	企业性质
齐河县清真喜逢食品厂	晏城街道办事处	92230	29000	市级龙头企业、绿色食品企业
	潘店镇	116000	58000	
齐河万方饲料有限公司	祝阿镇	58512	29000	市级龙头企业
	刘桥乡	85853	43000	
	赵官镇	49425	25000	
希森三和集团有限公司	华店乡	94270	47000	国家级龙头企业、绿色食品企业
	胡官屯镇	101190	50000	
	仁里集镇	113118	56000	
	焦庙镇	90852	45000	

备注：1. 如本页不够，可附加表格。

2.企业性质包括以下四项，可选择其中一项或两项（A、国家级龙头企业；B、省级龙头企业；C、市级龙头企业；D、绿色食品企业）。

填表人：丁丽梅

表四 基地农药、肥料使用情况

填表日期：2014 年 3 月 20 日（申请单位盖章）

作物名称		玉米		种植规模（亩）	803450		
年产量（吨）		400000		收获时间	10 月上旬		
主要病虫害		蓟马 褐斑病 玉米螟 一年生杂草					
农药使用情况	农药名称	剂型规格	目的	使用方法	每次用量（或浓度）	全年使用次数	末次使用时间
	吡虫啉	10%可湿性粉剂	蓟马	喷施	20g/亩	1	6 月中旬
	多菌灵	50%可湿性粉剂	褐斑病	喷施	100g/亩	1	7 月下旬
	辛硫磷	5%颗粒剂	玉米螟	撒施	200g/亩	1	8 月上旬
	乙草胺	48%水乳剂	一年生杂草	喷施	180ml/亩	1	9 月下旬
肥料使用情况	肥料名称	类别	使用方法	使用时间	每次用量（千克/亩）	全年用量（千克/亩）	末次使用时间
	商品有机肥	有机肥	种肥	6 月上旬	100	100	6 月上旬
	硫酸二铵	无机肥	种肥	6 月上旬	20	40	6 月上旬
	硫酸锌	无机肥	种肥	6 月上旬	2	2	6 月上旬
	硼肥	无机肥	种肥	6 月上旬	2	2	6 月上旬
	硫酸钾	无机肥	种肥	6 月上旬	20		6 月上旬
		无机肥	追施	7 月中旬	24	44	7 月中旬
	尿素	无机肥	追施	7 月中旬	10		
		无机肥	追施	8 月中旬	25		
		无机肥	追施	8 月下旬	10	45	8 月下旬

填表人：丁丽梅　　　　　　　　种植单位负责人：崔洪亮

表五 省绿办（中心）审核表

<table>
<tr><td>检查员
意见</td><td>现场检查合格与否（　　　）
材料审核合格与否（　　　）

检查员一签字:　　　　　　　　检查员二签字:

年　　月　　日</td></tr>
<tr><td>省绿办
（中心）
意见</td><td>年　　月　　日（盖章）</td></tr>
</table>

齐河县人民政府办公室

齐政办字〔2014〕8号

齐河县人民政府办公室
关于成立齐河县全国绿色食品原料(小麦、玉米)
标准化生产基地建设领导小组的通知

有关乡镇人民政府、县政府有关部门:

为加快推进我县全国绿色食品原料(小麦、玉米)标准化生产基地建设工作,经县政府研究,决定成立齐河县全国绿色食品原料(小麦、玉米)标准化生产基地建设领导小组,现将成员名单公布如下:

组　长: 王晓东　县委副书记、县长

副组长: 张和田　副县长

成　员: 崔洪亮　县农业局局长

赵万涛　晏城街道办事处主任

- 1 -

史丽丽　华店乡乡长
崔良才　刘桥乡乡长
曹登忠　潘店镇镇长
司晓明　仁里集镇镇长
杨振民　赵官镇镇长
郭洪海　胡官屯镇镇长
李元龙　焦庙镇镇长
贾培利　祝阿镇镇长

领导小组办公室设在县农业局，崔洪亮同志兼任办公室主任。

齐河县人民政府办公室
2014 年 4 月 16 日

抄送：县委各部门，县人大常委会办公室，县政协办公室，县法院，县检察院，县人武部。

齐河县人民政府办公室　　　　2014 年 4 月 16 日印发

- 2 -

齐河县绿色食品原料标准化生产基地建设领导小组办公室文件

齐绿字【2015】1号

关于成立齐河县绿色食品原料（小麦、玉米）标准化生产基地技术领导小组的通知

有关乡镇人民政府、县政府有关部门：

为加快推进我县全国绿色食品原料（小麦、玉米）标准化生产基地建设工作，经研究，决定成立齐河县全国绿色食品原料（小麦、玉米）标准化生产基地技术领导小组，现将成员名单公布如下：

组　长：马仁元　县农业局研究员

副组长：王　义　县农业局农技站站长

成　员：赵加玉　县农业局农广校校长

袁光柱　县农业局植保站站长

李　涛　县农业局生态科科长

李启明　县农业局质监科科长

张爱英　县农业局良补办主任

技术领导小组办公室设在县农业局，李涛同志兼任办公室主任。

齐河县绿色食品原料标准化生产基地

建设领导小组办公室

2015年2月1日

齐河县全国绿色食品原料标准化生产基地建设情况汇报

为促进全县绿色食品的发展，提高农产品质量，推进产业化经营，努力实现农业发展、企业增效、农民增收、消费安全、生态资源可持续利用，齐河县在高产创建的基础上申请创建全国绿色食品原料标准化生产基地。

一、概　　况

齐河县的绿色食品原料（小麦、玉米）标准化生产基地位于焦庙镇、刘桥乡、仁里集镇、赵官镇、祝阿镇、华店乡、晏城街道办、潘店镇、胡官屯镇9个整建制高产创建乡镇，生产规模803 450亩，属黄河冲积平原，生态环境无污染，排水和灌溉条件较好，属温带大陆性季风气候区，光照资源丰富，日照时数长，光照充足，辐射强度大，年平均日照时数2 660小时，日照率为61.6%，太阳总辐射量520.9焦/平方厘米，大于10℃的日照时数为1 671小时，占年日照时数的62.8%。年平均气温12.7℃，7月平均最高值达26.7℃，1月最低为–3.6℃，农耕期长达277 ～ 289天，有效积温4 300 ～ 4 750℃，无霜期205天，全年平均降水量为595.5毫米。基地自然环境优良，符合绿色食品申报要求。

齐河县自2014年3月开始申报全国绿色食品原料标准化生产基地，经过省绿色食品发展中心现场考察、环境检测，于12月顺利通过专家文审。按照农业部绿色食品管理办公室、中国绿色食品发展中心的有关文件批复，齐河县自2015年1月正式进入小麦、玉米基地的创建期。今年来，严格按照《关于创建全国绿色食品标准化生产基地的意见》（农绿[2005]2号）和《全国绿色食品原料标准化生产基地验收办法》的要求，多次召开专门工作会议研究安排部署，健全组织机构，配备配齐专业技术人员，增补了措施，制定完善了各项管理制度，明确工作职责，狠抓责任落实，促进创建工作的各项建设任务顺利完成。

二、加强制度建设，健全和完善各项质量保障体系

一是以人为本，建立健全组织管理体系。在组织管理方面，成立了由县长王晓东

为组长，农业局、各乡镇负责人等同志组成的基地建设领导小组，并以政府办公室文件形式下发各有关单位。文件明确了领导小组的工作职责，目前已召开基地建设领导小组会议3次，对全县小麦绿色标准化基地建设进行了全面的安排部署。同时在县农业局设立了齐河县绿色食品原料标准化生产基地建设管理办公室，崔洪亮同志兼任办公室主任。并以文件形式下发了《齐河县创建全国绿色食品原料（小麦、玉米）标准化生产基地实施方案》、《齐河县创建全国绿色食品原料（小麦、玉米）标准化生产基地管理办法》、《齐河县创建全国绿色食品原料（小麦、玉米）标准化生产基地保护区管理办法》。基地办明确了工作职责，制定管理制度13项，配备专职工作人员6人。同时按照文件要求，健全了乡、镇、村组织机构，明确了乡镇主管农业副乡镇长为基地建设负责人，各村委会主任、乡镇农业技术人员为具体工作人员，并建立了相应的岗位责任制。建立健全基地建设目标责任制度考核办法，县、乡、村三级层层签定了责任书，细化量化了考核指标，为提高基地建设水平，县财政提供启动资金20万元。

二是狠抓标准化生产管理，确保绿色食品质量安全。在基地生产管理体系建设上，按照集中连片、合理规划、规模发展的原则，按品种实行区域化种植，小麦品种主要是济麦22，玉米品种登海605、郑单958，基地种子全部由政府统一供种。积极推广秸秆还田、配方施肥、深松深耕、旋耕整地、宽幅播种、机械镇压、氮素后移、一喷三防等新技术。强化了生产管理，建立健全县、乡、村、户四级生产管理体系，实施产品质量追溯制度，统一印制《齐河县绿色食品原料标准化生产基地生产者使用手册》12万份，使档案齐全、规范。县基地办结合县区实际制定了《齐河县绿色食品原料小麦、玉米标准化生产技术规程》、生产管理及销售记录，以绿色食品原料标准化生产者使用手册的形式发放到农户手中，现已发放12万份。通过举办技术培训班，对农户进行了指导培训，使他们按照内容要求规范、真实填写记录手册，并对他们进行了信用体系建设教育，以人为本，以诚信经营为本。以村为单位绘制了基地分布图和地块分布图，并对地块进行统一编号，建立了电子信息管理档案。分别在9个乡镇基地设立大型标识牌9块。以优惠的补贴政策为引导，建立了“统一优良品种、统一生产操作技术规程、统一统入品供应和使用、统一田间管理、统一收购”绿色食品“五统一”生产管理制度，有效组织农户生产。

三是以强化农业执法为抓手，加强农业投入品管理体系建设。根据全县生产实际，为加强投入品综合管理，由山东齐力新农业服务有限公司统一进行统防统治，严格按照种植技术规程进行飞防，降低了投入成本。县基地办在小麦生产季节对该企业进行监督检查和抽查达3次，并依托山东省农药检定所、山东省土肥站等定期进行投入品检验检测。制定了齐河县绿色食品原料标准化生产基地农业投入品管理办法、农业投入品公告制度，定期公布基地允许使用、禁用或限用的农药名单，从源头上有效控制投入品的使用。

四是狠抓培训工作，建立健全技术服务体系。建立健全县、乡、村技术服务体系，结合“新型农民培训工程”“整建制粮食高产创建及绿色模式攻关”等项目的实施，将绿色食品生产管理技术培训纳入培训内容，制定了齐河县绿色食品原料小麦玉米标准化生产与管理技术培训计划，采取聘请专家授课等形式，对基地生产管理人员、技术推广员、对接企业管理人员进行绿色食品知识培训。加强对培训记录的收集整理，建立培训考核制度，严格做到持证上岗。

五是加强监督管理，确保绿色食品原料质量安全。为了堵塞管理环节上的漏洞，建立了较为完善的绿色食品原料标准化生产基地建设监督管理办法，推行农产品市场准入制度，明确县农业执法大队为监管执法主体，质监科、生态科、植保站配合，在小麦生长季节对基地建设环境、生产过程、投入品使用、产品质量、市场及生产档案已抽查2次，同时聘请基地中责任意识较强的农户担任生产监督员，适时对生产过程进行监督管理，有效防范了违禁农药的使用。建立绿色食品标志使用登记备案制度，确保了标识的规范有序使用。

六是加强基础设施建设，努力提高基地标准化水平。齐河县的绿色食品原料玉米标准化基地具备了天然的生产条件，完全符合NY/T391—2000《绿色食品产地环境技术条件》的要求，基地方圆5千米和上风向20千米范围没有污染源企业。水分供应主要依靠自然降雨和黄河水灌溉，水质符合绿色食品生产要求。施肥严格遵照《绿色食品肥料使用准则》执行，主要以有机肥为主。基地内路、涵、桥、站、闸设置合理、基础配套设施齐全、田间路面整洁平坦、生态环境优良。

七是努力提高农业产业化经营程度，促进产业健康发展。为适应绿色食品发展的需要，促进企业产品质量标准的提高，发挥“公司+基地+农户”运行机制的带动作用，实现企业、农户“双赢”目的，全县9个小麦基地单元分别与齐河县巨能鲁齐粮油食品有限公司、齐河百益德面业有限公司、山东晟源粮油食品有限公司实现对接，9个玉米基地单元分别与齐河县清真喜逢食品厂、希森三和集团有限公司、齐河万方饲料有限公司实现对接；在产业化经营上，积极拓展服务领域，组织乡镇与6家企业签定了购销合同。并积极组织齐河县巨能鲁齐粮油食品有限公司、齐河县百益德面业有限公司申报绿色食品认证。

齐河县绿色食品原料（小麦、玉米）标准化生产基地情况简介

齐河县绿色食品原料（小麦、玉米）标准化生产基地位于焦庙镇、刘桥乡、仁里集镇、赵官镇、祝阿镇、华店乡、晏城街道办、潘店镇、胡官屯镇，生产规模803 450亩，该基地属齐河县整建制高产创建示范区，属黄河冲积平原，生态环境无污染，排水和灌溉条件较好，农户种植小麦、玉米的时间较长，种植经验丰富。

一、气候资源

基地属温带大陆性季风气候区，光照资源丰富，日照时数长，光照充足，辐射强度大，年平均日照时数2 660小时，日照率为61.6%，太阳总辐射量520.9焦/平方厘米，大于10℃的日照时数为1 671小时，占年日照时数的62.8%。年平均气温12.7℃，7月平均最高值达26.7℃，1月最低为-3.6℃，农耕期长达277 ～ 289天，有效积温4 300 ～ 4 750℃，无霜期205天，全年平均降水量为595.5毫米。

二、水 资 源

基地内平均每50亩有机井一眼，水质好，pH 6.6，四周有排水沟，做到旱能灌，涝能排。

三、土　　壤

本区地处黄河冲积平原，属于耕作历史悠久的农业土壤，土壤类型为潮土类，pH 7 ～ 8，有机质1.04%，碱解氮88.5毫克/千克，速效磷21毫克/千克，有效钾92毫克/千克，基地生态环境优越，生态环境良好，方圆20公里范围内无工矿企业及三废污染源，野生动植物资源丰富，作物病虫天敌资源约20多种。

四、生态环境条件

附近没有工业区，无污染。野生动植物资源丰富：鸟类有猫头鹰、花喜鹊、啄木

鸟等；爬行类有蛇；树种类有杨树、柳树、榆树等；野生草有狗尾草、马唐草、马齿苋、蒲公英、苜蓿菜、灰菜、苋菜等。农作物病虫害天敌资源约20多种，其中捕食及寄生蚜虫的天敌以七星瓢虫、草蛉、蚜茧蜂为主；捕食及寄生鳞翅目幼虫的有11种，以步行甲、赤眼蜂、杀螟杆菌为主；捕食多种害虫的有燕子、蜻蜓、青蛙等。

国家玉米新品种展示示范区简介

齐河县农业局种子管理站

按照农业部工作部署齐河县农业局承担了2013年、2014年国家玉米新品种试验、展示示范工作。该项工作是农业部种子管理局、发展计划司会同全国农业技术推广服务中心、农业部科技发展中心、中国种子协会在粮油大县开展实施的。该项工作的开展推进了种了管理部门看禾推介品种，种子企业看禾经营品种，农民看禾选购品种，从源头上解决品种多乱杂、农民购种难的问题。

一、加强组织保障

为保证该项目的顺利实施，齐河县农业局成立了以崔洪亮局长为组长、朱志军副局长为副组长、种子管理站站长和宋坊良种繁殖场场长为成员的项目领导小组，同时也成立了相应的技术小组。

二、组织技术培训

齐河县种子管理站每年对所有参与该项目的技术工作人员进行了不低于50余人次业务培训、指导。在做好工作的同时将充分利用网络、电视、广播、报刊、杂志等多种媒体宣传，扩大影响,分批次组织种子经销商、农户、农技推广人员参观学习，把好的品种及时的最大限度的推向社会，为粮食增产做好铺垫。

三、试验区工作情况

整个试验区共占地120余亩，2014年国家展示了新品种12个、示范了2个、生产试验了国家黄淮海夏玉米品种15个、跟踪评价了山东省玉米新品种44个、种植鉴定了齐河县种子管理站市场抽检品种60个；展示了山东省小麦新品种25个。2013年国家展示了新品种12个、示范了2个、生产试验了国家黄淮海夏玉米品种7个、跟踪评价了山东省玉米新品种55个、展示了齐河县种子管理站市场抽检品种60个；展

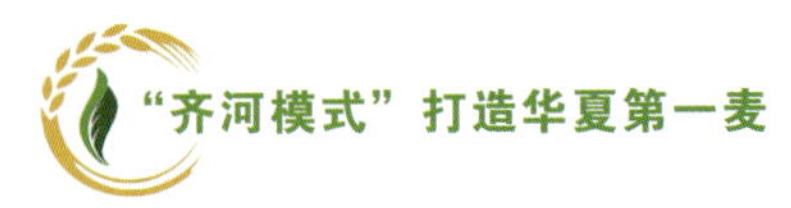

示了山东省小麦新品种24个。玉米试验一部分采取机播方式，一部分为保全苗采取1：2：1的点播方式。特别是国家玉米新品种示范区采取了增加密度、及时抢播、增施有机肥、轻施苗肥、重施孕穗、补施花粒肥、适时晚收、病虫草害综合防治等技术，实现良种与良法相配套。

齐河县创建全国绿色食品原料（小麦、玉米）标准化生产基地实施方案

一、指导思想

以优质高产小麦、玉米种植为基础，以市场为导向，以科技创新为动力，重视生态环境建设，实行“产加销”联动增值，坚持政府推动、市场运作的原则，积极推进产业化经营，努力实现农业发展、企业增效、农民增收、消费安全、生态资源可持续利用。

二、实施目标

通过创建绿色食品原料标准化生产基地，全面执行绿色食品标准化生产和全过程质量控制，促进农产品的区域化布局、产业化经营、标准化生产和市场化发展；提高农业综合生产能力，增强农产品市场竞争力；为绿色食品加工企业提供优质原料，推动绿色食品事业全面加快发展；促进农民增收、农业增效、齐河县域经济的发展。

三、生产过程的控制

（一）建立基地生产管理制度

一是建立县、乡、村、户生产管理体系，县乡村三级技术管理簿册齐全，农户应有绿色食品生产操作规程、绿色食品生产者使用手册、基地投入品清单、田间生产管理记录和生产收购合同。二是按照绿色食品技术标准制定统一的生产操作规程，并下发到乡（镇）、村和农户。建立“统一优良品种、统一生产操作规程、统一投入品供应和使用、统一田间管理、统一收获”“五统一”生产管理制度。三是在显要位置设置基地标识牌，标明基地名称、基地范围、基地面积、基地建设单位、基地栽培品种、主要技术措施、有效期等内容。四是建立生产管理档案，统一农户生产档案，统一田间管理记录。

（二）建立基地生产投入品（生产资料）管理制度

一是在“五统一”的基础上，各单元基地、农户填写好绿色食品（小麦、玉米）生产资料卡，建立绿色食品（小麦、玉米）基地生产农事操作和生产资料档

案。二是建立基地农业投入品市场准入制，从源头把好投入品的使用关。三是建立基地生产投入品公告制度。定期公布并明示基地允许使用、禁用或限用的农业投入品目录。

（三）建立技术指导和推广制度

一是以省农科院为技术依托，以县农业技术推广站为主体，组建基地建设技术指导小组。二是建立乡镇、村、示范户三级技术服务网络。三是建立示范基地。

（四）建立技术培训制度

一是通过培训使基地农户每户至少有一人基本掌握绿色食品（小麦、玉米）生产技术要点。二是建立绿色小麦、玉米生产资格证制度。对参加培训考试合格者，颁发绿色小麦、玉米生产资格证。凡未获得绿色小麦、玉米生产资格证者，其生产的小麦、玉米不得作为绿色食品（小麦、玉米）生产的原料。

（五）建立基地环境保护制度

一是加强山、水、林、田、路综合治理，不断改善和提高基地的生产条件和环境质量，加强基地基础设施建设。二是开展基地环境的保护。不得在基地方圆5千米和上风向20千米范围内建有污染的工矿企业。防止工业“三废”对基地的污染。三是基地内的畜禽养殖场粪水要经过无害化处理，施用的农家肥必须经高温发酵，确保无害。四是通过各种有效措施，更好地保护和改善基地的生态环境质量，为绿色小麦、玉米的生产创造良好的生态环境。

（六）建立监督管理制度

一是坚持每年一次的验收检查，经常性地督促基地农户对绿色食品（小麦、玉米）生产操作规程的贯彻落实。二是构建消费监督网。加大绿色食品（小麦、玉米）的宣传力度，帮助消费者了解绿色食品（小麦、玉米），逐步建立由消费者组成的社会监督网。三是建立由相关部门组织监督管理队伍，加强对基地环境生产过程，投入品使用、产品质量、市场及生产档案记录的监督检查。四是定期抽检。由检测机构进行定期抽检，对生产过程中，抽检不合格者，加以整改或取消绿色食品原料生产资格。对检测不合格的，不得作为绿色食品（小麦、玉米）原料收购。

四、主要措施

（一）统一认识，加强领导

树立绿色生态品牌、建设绿色食品大县，要按照“品种特色化，基地规模化，生产标准化，经营产业化，投入科技化”的要求，为了确保基地建设顺利实施，成立了全国绿色食品原料（小麦、玉米）标准化生产基地建设领导小组。各乡镇要成立相应领导小组和办公室，积极引导基地村成立绿色小麦、玉米标准化生产协会，搞好基地

村绿色小麦、玉米种植技术服务和生产服务。

（二）培训人才，积极推广绿色食品小麦、玉米生产新技术

要制订绿色食品小麦、玉米生产技术培训计划，选派示范区管理和技术人员到外地学习先进农业理念和技术，对于绿色小麦、玉米科研项目和技术推广项目，农业、科技等部门要优先纳入重点科研和推广计划。建立挂点联系制度，各成员单位、农业管理及技术人员联系到各乡镇（场）单元基地，协助和指导各单元基地生产管理和技术指导。建立绿色小麦、玉米技术创新体系，依托与科研院所、大专院校技术合作，加快建立绿色小麦、玉米生产及加工技术创新体系，发展一批绿色小麦、玉米技术创新型的企业。

（三）加强服务，促进绿色小麦、玉米产业化

采取“公司＋基地＋农户”产业化组织形式，形成利益共同体，促进原料基地稳定发展和农民稳定增收。完善市场网络，建立绿色小麦、玉米批发市场，形成贯通城乡、辐射省内外的市场网络。加强市场管理，严厉打击假冒伪劣商品，维护绿色小麦、玉米知名品牌的市场形象，保护企业和消费者合法权益。加强绿色小麦、玉米市场供求信息平台建设，推动绿色小麦、玉米向现代产业化方向发展。

（四）建立多元化的投入机制

认真抓好绿色小麦、玉米标准化生产基地项目建设的同时，创新投入机制，积极引导绿色小麦、玉米种植加工龙头企业和社会资金作为投资主体，逐步形成多形式、多层次、多渠道的绿色小麦、玉米开发投资机制，提高生产的集约化水平。

齐河县创建全国绿色食品原料（小麦、玉米）标准化生产基地管理办法

为加强绿色食品认证与管理工作，增强农产品市场竞争力，我县在晏城街道办、华店乡、祝阿镇、刘桥乡、焦庙镇、潘店镇、胡官屯镇、仁里集镇、赵官镇九个乡镇建立80万亩绿色食品原料（小麦、玉米）标准化生产基地。根据绿色食品生产过程有关标准及要求，结合本县实际，特制定以下管理办法：

一、组织管理

县政府成立绿色食品原料标准化生产基地管理领导小组，县长任组长，有关部门和单位负责人任成员，负责全面生产管理工作。领导小组下设办公室,办公室设在县农业局，农业局局长任办公室主任，有关部门负责人和专业技术人员为成员，负责基地生产技术指导、培训及日常工作。同时县农业局成立技术指导小组，负责引进先进的生产技术和科研成果，培训镇科技人员和村技术推广员。基地所在镇依托农业技术推广站成立技术服务队，负责对基地小麦、玉米的播种、施肥、除草、病虫害防治、田间管理、收获包装等生产全过程进行监控和指导，培训基地农民、指导村技术推广员工作。基地所在的村选配2～3名责任心强、懂得绿色食品（小麦、玉米）标准化生产技术的知识青年作为技术推广员，配合县镇技术员开展工作。

二、生产管理

基地生产管理应结合本地实际，严格贯彻执行中国绿色食品发展中心制定的有关操作规程。

（1）基地应在显要位置设立绿色食品标志牌，标注基地名称、批准单位、建设单位、建设时间。基地要绘制基地位置和生产地块分布平面图，规模较大的基地对生产地块统一编号。

（2）基地生产单位要做好田间管理档案，填写记录表，田间生产管理记录卡要提交基地办进行存档。

（3）基地办不定期对基地环境、产品质量及档案记录内容进行检查、检测和核

实，及时发现和解决问题，促使基地产品达到绿色食品生产质量标准。

三、生产技术标准化管理

品种选择。选择抗病耐虫、高产优质，适合本地生长的小麦、玉米品种。

田间管理。基地农户要严格按照基地办统一制定的小麦、玉米技术规程进行操作管理，特别是肥料、农药的使用，必须严格按照标准规范操作。

四、农业投入品管理

县农业行政主管部门会同工商、质监等部门，加大农资市场管理和执法力度，规范农资市场经营行为，严肃查处证照不全或违规经营国家禁用农药、肥料的违法行为。同时，严格把好肥料和灌溉水的监测和管理，通过控制农产品生产过程，确保绿色食品标准化生产基地农资投入品的安全性。

基地所用种子、农药一律由基地办指定经销商供应，严禁私自购买，严格控制农药的使用量和安全间隔期，禁止使用甲胺磷等高毒、高残留、致畸、致突变、致癌的农药。

基地所用化肥、农家肥、有机肥等肥料必须符合绿色食品生产的要求，以有机肥为主，施足底肥，禁止使用硝态氮肥和工业垃圾等有害肥料。生产过程要严格按照基地的生产技术规程执行，严格控制化肥的使用量和安全间隔期，不得使用未处理的农家肥。

五、环境管理

（一）环境监测

加强对基地的水、土、气的监测与管理，保证基地水质、土壤、大气不受污染。

（二）杜绝污染源

不得在基地方圆5公里和上风向20公里范围内新建有污染源的工矿企业，防止工业“三废”污染基地。基地内禁止焚烧、乱堆放作物秸秆，防止污染。

（三）强化管理

加大宣传力度和保护措施，基地内实行签名负责制和质量追踪制。

六、凡违反绿色食品标准化基地生产管理办法的单位和个人，将按照有关法律法规予以处罚

齐河县创建全国绿色食品原料（小麦、玉米）标准化生产基地保护区管理办法

为适应新时期农业和农村经济发展形势，提高农业生产水平，促进农民增收，认真做好我县绿色食品原料标准化生产基地保护，特制定齐河县绿色食品标准化生产基地保护区管理办法。

第一条 为推进我县绿色食品标准化基地建设，提高农业标准化生产水平，加强基地的保护和管理，保障绿色食品原料生产，根据国家相关规定，结合我县实际，制定本办法。

第二条 保护区位于晏城街道办、华店乡、祝阿镇、刘桥乡、焦庙镇、潘店镇、胡官屯镇、仁里集镇、赵官镇境内，总面积80万亩。

第三条 保护区内及其周边从事与保护区相关活动的单位和个人，必须遵守本办法。

第四条 晏城街道办、华店乡、祝阿镇、刘桥乡、焦庙镇、潘店镇、胡官屯镇、仁里集镇、赵官镇人民政府依照本办法的规定，具体负责齐河县绿色食品原料标准化生产基地的保护和管理工作。

县农业、土地、城市建设、林业、水利、质量技术监督等行政主管部门应按职责分工，积极配合各有关乡镇人民政府做好齐河县绿色食品原料标准化生产基地的保护和管理工作。

第五条 齐河县绿色食品原料标准化生产基地实行长期保护。其基地规划应与齐河县土地利用总体规划、齐河县城市总体规划、晏城街道办、华店乡、祝阿镇、刘桥乡、焦庙镇、潘店镇、胡官屯镇、仁里集镇、赵官镇建设规划相衔接。

第六条 齐河县绿色食品原料标准化生产基地一经划定，必须加以保护。保护区范围内的齐河县绿色食品原料标准化生产基地，除国家能源、交通、水利、军事设施等重点建设项目选地确定无法避让需要征用以及省级以上重点建设项目需要征用外，一律不得占用。

第七条 符合本办法第五条规定征用齐河县绿色食品原料标准化生产基地的，必须在规划定点前征求县农业行政主管部门和各有关镇人民政府意见，并报县人民政府审查同意后，依法办理有关报批手续。

第八条 禁止非法侵占或损坏齐河县绿色食品原料标准化生产基地的基础设施。依法批准在齐河县绿色食品原料基地或周围施工的建设单位，在开工前必须采取有效措施保护齐河县绿色食品原料基地基础设施整体功能的正常发挥。因施工损坏其正常功能发挥的，建设单位必须限期修复。

第九条 禁止任何单位和个人闲置、荒芜齐河县绿色食品原料标准化生产基地。

禁止任何单位和个人将齐河县绿色食品原料标准化生产基地改种其他作物。

禁止在齐河县绿色食品原料标准化生产基地建坟、采矿、挖沙、取土等行为。

第十条 禁止向齐河县绿色食品原料标准化生产基地倾倒、堆放和处置废弃物。

保护区内不得建设排放“三废”的工业企业，保护区外方圆5公里和上风向20公里范围不得建有污染源企业。

已经建设的有污染的项目，应采取措施限期治理；无法治理的，必须予以搬迁。

第十一条 县、乡人民政府应扶持齐河县绿色食品原料标准化生产基地建设，县财政预算中的农业发展基金要安排一定数量的资金，用于齐河县绿色食品原料标准化生产基地的基础设施建设，提高齐河县绿色食品原料标准化生产基地的生产能力。

第十二条 不得在齐河县绿色食品原料标准化生产基地内使用国家禁止使用的农药和其他化学物品。在齐河县绿色食品原料标准化生产基地使用肥料和作为肥料的污泥必须经过无害化处理，并符合国家有关标准要求，施用的农家肥必须经过高温发酵。

第十三条 建立齐河县绿色食品原料标准化生产基地建设保护监督检查制度。县人民政府组织农业、土地、城建、环保、质量技术监督等行政主管部门及其他有关部门和各有关乡镇人民政府，定期对齐河县绿色食品原料标准化生产基地建设保护情况进行检查。被检查的单位和个人应如实提供有关情况和资料，不得隐瞒和拒绝。

第十四条 违反本办法规定的，由相关部门按照有关法律法规进行处罚。

第十五条 本条例自公布之日起施行。

绿色食品——小麦生产技术规程

绿色食品小麦基地远离城市、工矿区及主要交通干线，基地区域及周边无“三废”排放企业。农田大气环境良好，灌溉水质、土壤环境质量均要符合《绿色食品产地环境质量标准》。土壤耕层深厚、土质肥沃，有机质含量在1.0%以上，非常适应绿色食品小麦的生长。

1　选地与整地

1.1　选地

选择耕层深厚，结构良好，地面平整，渠系配套，有机质含量1%以上，且前茬未施用高毒、高残留农药的肥力中等以上地块。

1.2　整地与基肥

前茬收获后，伏耕或秋深耕18 ~ 24厘米，每年深耕深松一次，打破犁底板结层。结合耕翻，亩底施腐熟有机肥3 000千克、亩底施尿素10千克、磷酸二铵25千克、硫酸钾10千克。

2　严把播种质量关

2.1　选用良种

选择适应当地生态条件、品质好、抗病、抗倒、适应性强的品种：济麦22 ，做好种子精选、清选、晾晒和播前发芽试验，使种子纯度达到98%，净度达到99%，发芽率不低于95%，种子含水量不高于13.5%。

2.2　种子处理

可用50%多菌灵（安全间隔期15天）可湿性粉剂13g/亩拌种，加水2.5千克，拌匀后堆闷4 ~ 5小时后播种。可预防锈病、纹枯病、白粉病等病害的发生。

2.3　适期播种

常年播种日期10月2—15日，冬前主茎叶龄5叶1心至7叶1心。

畦宽3米，畦埂宽40厘米，采用宽幅播种机播种，平均行距27.7厘米。采用经严格精选的饱满种子，机械播种，亩播量7.5千克，播深3 ～ 5厘米。下籽均匀，覆土一致，边头种满，行垄匀直。

3 田间管理

3.1 补种补苗

出苗后及早查苗补种，如有≥7厘米行长无苗，要挖穴或开沟浇底水补种催芽种子。3叶1心时结合剔除疙瘩苗，疏密补缺补稀。

3.2 浇越冬水

冬前日均温下降至5℃时浇冬水，正常年份11月底至12月初上旬。

3.3 早春划锄

早春最高气温回升至5℃以上、地表解冻5厘米以上时精细划锄一遍，起身期再划锄一遍利于除草。

3.4 春季第一次肥水

起身拔节期肥水齐攻，具体时间一般年份是3月中旬，亩追施尿素15千克、硫酸钾10千克后浇水。

3.5 后期浇水

开花期前只要降水≤30毫米，就要按时浇足浇透开花水。

3.6 根外追肥

在小麦开花灌浆期，叶面喷施磷酸二氢钾600克/亩，可起到保粒增重、预防干热风的作用。

4 病虫草害综合防治

防治原则：按照“预防为主，综合防治”的原则，优先采用农业防治、生物防治、物理防治，合理使用化学防治。

小麦除草宜在2月下旬至3月中旬小麦返青后进行，可用13%2甲4氯水剂300毫升/亩喷雾防治多种杂草。

3月中旬，用4%嘧啶核苷类抗菌素75毫升/亩，兑水喷雾，防治锈病、白粉病等；于4月中旬，用4.5%高效氯氰菊酯乳油（安全间隔期7天）20毫升/亩，防治蚜虫、吸浆虫等。

5 收　　获

蜡熟末期进行收获，用联合收割机收割，麦秸还田。

绿色食品——玉米生产技术规程

绿色食品玉米基地远离城市、工矿区及主要交通干线，基地区域及周边无“三废”排放企业。农田大气环境良好，灌溉水质、土壤环境质量均要符合《绿色食品产地环境质量标准》。土壤耕层深厚、土质肥沃，有机质含量在1.0%以上，非常适应绿色食品玉米的生长。

1 选地与整地

选择土壤肥沃，土层深厚，土壤通透性好；水源充足，具备灌、排水设施条件。

2 选用优良品种

根据当地的自然条件，因地制宜地选用经国家或省审定通过的优质、高产、抗逆性强、生育后期保绿期长的优良品种。目前主要种植品种：郑单958、登海605。种子的纯度、净度不低于98%，发芽率不低于85%，水分不高于13%。

3 搞好种子处理

播种前对种子进行精选，去除小粒、秕粒、病虫粒，提高种子整齐度，保证出苗整齐度。播前3 ~ 5天进行晒种，以提高种子在播种后的吸水和萌芽速率，促进幼苗健壮生长。6月上旬小麦收获后足墒直播。

4 适时播种

小麦收获以后，要及时抢播夏玉米，6月上旬小麦收获后足墒直播。单粒播种，一般每亩播种量1.5 ~ 2千克（每亩4 500 ~ 5 500株）。采用大小行种植，大行距80厘米，小行距40厘米，播种深度3 ~ 5厘米，播种的适宜墒情是耕层（0 ~ 20厘米）土壤持水量达到60% ~ 70%，墒情不足要播前造墒，来不及造墒的播后要浇好“蒙头水”。

5 田间管理

5.1 群体控制

提高群体整齐度和玉米花后群体光合高值持续期，3叶期间苗，5叶期定苗，及时查苗补苗，及时拔除小弱株，提高群体整齐度，保证植株健壮，改善群体通风透光条件，延长后期群体光合高值持续期。

5.2 施肥

根据土壤养分状况及所种植品种的需肥特性，依据“稳氮、减磷、增钾、补中微”的原则施肥。

种肥：种肥同播，亩施用商品有机肥100千克，磷酸二铵20千克，硫酸钾20千克，硫酸锌2千克、硼肥2千克。

拔节期：亩施硫酸钾24千克、尿素10千克。

穗期：8月上旬玉米大喇叭口期（叶龄指数55%～60%，第11～12片叶展开）亩追施尿素25千克，以促穗大粒多。

花粒期：8月下旬籽粒灌浆期亩追施尿素10千克，以提高叶片光合能力，增粒重。

6 灌溉

除苗期外，各生育时期田间持水量降到60%以下均应及时浇水。灌溉方式以沟灌为主，有条件的可采用渗灌或喷灌，杜绝大水漫灌。

7 中耕

7月中旬拔节之前结合施肥进行中耕除草。

8 病虫草综合防治

8.1 防治原则

按照“预防为主，综合防治”的原则，优先采用农业防治、生物防治、物理防治，合理使用化学防治。

8.2 主要病虫草害防治

主要病虫草害：蓟马、褐斑病、玉米螟、一年生杂草。

（1）苗期蓟马的防治。在6月中旬用10%吡虫啉可湿性粉剂20克/亩对水喷雾防治。

（2）褐斑病的防治。在7月下旬用50%多菌灵可湿性粉剂100克/亩对水喷雾防治。

（3）玉米螟的防治。8月初用16 000IU/毫克苏云金杆菌250克/亩制剂对水喷雾防治。

（4）一年生杂草的防治。9月中旬用48%乙草胺水乳剂180毫升/亩喷雾防治。

9 适时收获

玉米成熟期即籽粒乳线基本消失、基部黑层出现时收获，收获后及时晾晒。

10 秸秆处理

玉米收获后，严禁焚烧秸秆，应及时粉碎秸秆还田，以培肥地力。适于青贮的品种可以适时收获，秸秆青贮用作饲料。

齐河县全国绿色食品标准化生产基地相关制度

齐河县绿色食品原料（小麦、玉米）标准化生产基地生产管理制度

为切实加强我县绿色食品原料小麦、玉米生产基地管理，确保小麦、玉米达到绿色食品要求，提高农业综合生产能力，增强农产品市场竞争力，为绿色食品加工企业提供优质原料，推动绿色食品事业全面快速发展，促进农民增收、农业增效和县域经济的发展，特制定本基地生产管理制度。

一、加强领导，落实好岗位责任制

按照绿色食品生产的要求，为保证产品质量，真正达到安全、优质、营养、必须强化领导，加大管理力度。为此，县政府成立了基地领导小组，县长任组长，副县长任副组长，各乡镇单元负责人为成员，主要负责基地小麦、玉米的生产管理工作，实行基地办对单元基地办统一管理，各乡镇直接管理基地村的主体监管责任制。搞好基地村绿色小麦、玉米的种植技术服务和生产服务。

二、优化服务，强化管理，加强技术指导

基地办以农业局为中心成立了绿色食品基地技术小组，负责绿色生态基地中小麦、玉米的技术服务，提供产前、产中、产后的物质、技术、信息、购销等方面的系列化服务，充分发挥县政府的宏观指导作用，制定小麦、玉米的生产技术规程和生产者使用手册，技术小组从小麦、玉米的栽培、肥水管理、病虫害防治等关键环节，严格按绿色生态农业产品操作规程管理，做到层层有人抓。基地办实行“五统一”制度，即统一供应优良品种、统一生产操作规程、统一投入品供应和使用、统一田间管理、统一收获。

三、强化技术培训，加强质量监督

基地办定期举办培训班，提高种植户的科技素质，印发技术资料和技术规程发放

到户，同时，把国家禁止的农药品种印成明白纸发到户，做到家喻户晓，人人明白。建立挂点联系制度，各成员单位、农业管理技术人员联系到各乡镇单元基地，协助和知道生产管理和技术指导。并加强质量监督，不定期监督小麦、玉米基地生产操作规程、措施执行情况和投入品的使用情况，达不到标准的产品不得作为绿色食品出售，对违规者进行相应处罚。

四、广泛宣传、发动、提高种植户对发展绿色生态农业产品的认识

通过培训、新闻媒体宣传，强化种植户对生态农业环境的认识，确保小麦生产顺利进行，同时制定优惠政策，调动种植户对绿色产品小麦、玉米的生产积极性。

五、加强市场管理，促进产业化经营

为保证小麦、玉米的销售，解决农户的后顾之忧，各基地单元与绿色食品企业、龙头企业分别签定了购销合同，采取“公司+基地+农户”的产业化组织形式，形成利益共同体，促进基地稳定发展和农民稳定增收，推动绿色小麦、玉米向现代产业化方向发展。

齐河县绿色食品原料（小麦、玉米）标准化生产基地技术指导、推广制度

一、绿色食品原料（小麦、玉米）标准化生产基地的主要农业技术推广人员应具备中级以上职称，熟悉基地基本情况，熟练掌握生产技术规程。

二、绿色食品原料（小麦、玉米）标准化生产基地建设以县乡农业技术推广服务中心为主体，组建基地建设技术指导小组，具体负责先进生产技术和科研成果的引进与推广。

三、绿色食品原料（小麦、玉米）标准化生产基地建设由县农业技术推广服务中心负责制定培训计划，每月对基地生产管理人员、技术推广人员、营销人员培训一次。建立齐河县农业技术推广网，负责技术指导和生产操作规程的落实。

四、绿色食品原料（小麦、玉米）标准化生产基地每年由乡镇农技服务中心组织基地农户学习绿色食品生产技术2～3次，保证每个农户至少有一名基本掌握绿色食品生产技术标准的人。

五、绿色食品原料（小麦、玉米）标准化生产基地的农业技术推广人员，在指导小麦、玉米生产过程中，应严格依据配方施肥标准和病虫害测报防治标准，指导农户

进行生产。

六、绿色食品原料（小麦、玉米）标准化生产基地的农业技术推广人员，应将技术指导工作及时记入田间管理档案，并对生产基地的推广工作进行全面总结。

齐河县绿色食品原料（小麦、玉米）标准化生产基地培训制度

一、由县农业技术推广服务中心负责，整合全县科技培训资源，组建基地建设技术指导小组，成立专家技术组讲师团，定期对技术人员进行培训，由技术指导小组承担对基地农民科技培训的教学和实践指导任务；以科技示范基地、科技示范户为依托建立长期培训基地。

二、建立新型培训证书制。技术人员通过培训考核，合格后发给技术培训资格证书“持证上岗培训”；鼓励全社会农民参与培训，通过技术培训对能掌握技术操作的农户发给“农民技术绿色证书”。

三、创新农民科技培训方法。针对农民文化素质、科技水平参差不齐，需要培训的技术多，结合“阳光工程培训”和“返乡农民工培训工程”，利用冬春季节，有组织、有计划地集中培训。县级技术人员包乡镇、乡镇技术人员包村组，结合冬春季节，以组为单位，在每个生产基地有针对性地举办培训班2～3次。在基地生产关键时期深入田间地头现场指导。

四、培训人数和内容。计划每年培训技术人员500人次，培训农民50 000人次。培训对象主要以县乡管理人员、技术人员和生产基地农户为主。培训内容主要围绕绿色小麦、玉米生产用种子，化肥、农药选择和使用，大田管理、收获技术为主。

五、培训时间。12月至翌年1月举办两期，3—4月举办一期。

齐河县绿色食品原料（小麦、玉米）标准化生产基地耕作轮作制度

耕作轮作制度是经营绿色小麦、玉米的战略部署，建立合理的耕作轮作制度，可以充分利用自然资源和社会资源，促进绿色小麦、玉米全面发展，实现高产、稳产、高效益、低成本、环境友好、人与自然和谐相处之目的。为确保战略目标的实现，特制定本耕作轮作制度。

一、用地和养地相结合，在基地内大力推广一年两熟制：小麦-玉米耕作制度，尽量减少冬闲田，为绿色小麦、玉米生产奠定坚实的基础。

二、充分利用资源，大力开展植树造林活动，搞好农田基本建设，森林覆盖率大，不但直接增加收入，还能保持水土、涵养水源、调节气候、优化环境、保障农田免受旱涝灾害、稳产丰收。

三、大力推广使用有机肥，提高土壤有机质含量，优化土壤结构，有机肥均作基肥一次施下，人畜排泄物要经充分腐熟等无公害处理，坚决杜绝使用外来有机肥、医院粪便、生活垃圾等。

四、积极开展测土配方施肥，提高肥料利用率。严禁使用硝态氮肥，最后一次追肥必须在收获前30天进行。

齐河县绿色食品原料（小麦、玉米）标准化生产基地监督管理制度

一、县、乡（镇）农业行政主管部门负责基地监督管理工作。

二、基地有专职人员负责基地生产档案记录的管理，并监督《基地生产管理制度》《农业投入品管理制度》《技术指导和推广制度》《培训制度》和《基地环境保护制度》的执行情况。

三、基地建立由相关部门组成的监督管理队伍，加强对基地环境、生产过程、投入品使用、产品质量、市场有生产档案记录的监督检查。

四、农业行政主管部门建立以下检验检测制度：

（1）基地投入品使用前必须进行抽样检测，不合格不准使用。

（2）基地土壤、水源及大气定期检测，不合格的给予通报批评，并找出原因，及时解决。

（3）基地产品定期检测，不合格的给予通报批评，并找出原因，及时解决。

五、农业行政主管部门建立健全本行政区域内基地单元诚信档案，实施信用等级分类监督，逐步建立基地信用体系。

对于有下列情况之一的基地单元，在依据有关规定作出处罚的同时，列入重点监控名单，加强跟踪监督：

（1）基地环境连续2次抽检不合格的。

（2）基地产品连续2次抽检不合格的。

（3）连续2次抽查存在违规行为的。

（4）因违规操作，造成严重后果的。

六、对表现突出的基地单元或个人给予相应奖励。

七、对违反有关规定的，由政府行政管理部门根据违规情况进行处罚。

八、农业行政主管部门的工作人员滥用职权、徇私舞弊、玩忽职守的，由其所在单位或者上级主管部门给予行政处分；构成犯罪的，依法追究刑事责任。

九、实施行政处罚，应当按照《中华人民共和国行政处罚法》的规定执行。罚款和罚款收缴，应当按照《山东省罚款决定与罚款收缴分离实施细则》的规定执行。

本制度由齐河县基地办负责解释，自公布之日起实施。

齐河县绿色食品原料（小麦、玉米）标准化生产基地农业投入品管理制度

一、采取基地农业投入品市场准入制。在小麦、玉米用药、施肥期间禁止高毒农药、高残化肥进入基地市场，从源头上把好投入品的使用关。

二、采取基地农业投入品公告制。农业行政主管部门定期公布明示基地允许使用、禁用或限用的农业投入品目录。如禁止使用农药品种有：①有机氯类：六六六、DDT、三氯杀螨醇、赛丹二溴氯丙烷、杀芬；②有机磷类：甲基对硫磷（含复配）、甲基异柳磷、对硫磷（含复配）、甲胺磷（含复配）、磷胺（含复配）水胺硫磷、甲拌磷等；③氨基甲酸酯类：克百威、涕灭威；④其他类：杀虫脒、除草醚、三溴乙烷、敌克颗粒剂等。农业行政主管部门定期对基地内的农资市场进行监督检查，一旦找出禁、限使用农资物质进行就地封存，同时在全县通告，加大处罚力度。

三、建立基地农业投入品专供点。使基地农户到基地专供点购买农资产品，或实行农业投入品连锁配送服务，把农资产品分送到农户手中，并指导使用。避免禁、限农资产品到达农户手中。

四、建立监督检查制度。基地办要配合农药、化肥等农资主管部门对基地生产中投入品进行定期监督检查。

齐河县绿色食品原料（小麦、玉米）标准化生产基地农业投入品监督管理制度

一、基地在绿色小麦、玉米的生产过程中，所有的农业投入品必须符合绿色食品生产要求，并由县基地建设领导小组发布通告。

二、基地作物品种选择要求通过省级农作物品种审定委员审定，选择市场好销、优质、高产、抗性强、适应性广的小麦、玉米良种。

三、基地作物病虫害防治以农业防治为主，提倡使用生物源、植物源、矿物源农药，合理使用化学农药。在安全间隔期严禁施药，禁止使用高毒、剧毒、高残留及具

有致癌、致畸、致突变作用农药。

四、确立以有机肥料为主体和基础，充分开发和使用当地有机肥源，适当控制和减少化学肥料的施用。按照绿色食品质量要求，根据气候、土壤及作物生长的需要，正确选择肥料种类，确定施肥时间和方法，经济合理地使用肥料。

五、建立农户生产记录档案，开展农业投入品统一配送，以村为单位，对种子、农药、化肥进行统一配送，统一施用。

六、在生产过程中对农业投入品进行跟踪监督，及时发现问题，积极采取措施，确保基地所使用的生产资料符合绿色食品生产要求。

七、对农业投入品的使用实行奖惩，农户未按照生产技术要求，使用国家明令淘汰和禁止使用的农业投入品，产品达不到绿色小麦、玉米原粮标准的不予收购，取消种植户绿色小麦、玉米的生产资格。

齐河县绿色食品原料（小麦、玉米）
标准化生产基地培训制度及培训计划

一、根据农业部绿色食品管理办公室和中国绿色食品发展中心基地创建要求，结合本县实际，制订本制度。

二、由县农业局负责，整合全县科技培训资源，组建专家技术组、讲师团，定期对建设领导小组成员、生产管理人员、技术推广人员、产业化经营单位负责人进行培训。

三、建立培训考核制度：参训人员通过培训考核，考核合格颁发合格证书。

四、创新培训方法。以示范基地、示范户、龙头企业为依托建立长期培训基地。通过理论培训与现场指导的方式创新培训方法，在每个生产基地有针对性的举办培训班2～3次。

五、培训人员和内容：培训对象主要以建设领导小组成员、生产管理人员、技术管理人员、产业化经营单位负责人为主，计划培训以上人员500人次。培训内容主要围绕标准化生产基地建设要求，绿色食品基本知识和生产技术标准为主。

六、培训时间：一年举办3期，12月至翌年1月举办两期、3—4月举办一期。

齐河县绿色食品原料（小麦、玉米）
标准化生产基地"五统一"生产管理制度

为了规范绿色小麦、玉米标准化生产基地管理，根据农业部和中国绿色食品发展

中心创建要求，结合我县具体实际，特制订本制度。

一、统一优良品种。基地统一使用以下小麦品种：济麦22；统一使用玉米品种：登海605、郑单958。基地所需良种在县农技站设立供应点，由县农技站和乡镇农技站负责统一分配，各基地单元连片垅应使用同一品种。

二、统一生产操作规程。由县绿办编印《绿色小麦、玉米标准化生产基地生产使用手册》下发到技术人员和农户手中，并定期举办培训班，规范农户生产行为。

三、统一投入品供应和使用。在县农技中心物技服务部设立专供点，实行连锁配送服务，农户在技术人员的指导下，合理使用农业投入品。

四、统一田间管理。定期召开田间管理培训班，使每户农户都能掌握绿色小麦、玉米田间管理，技术人员分片包干，责任到人，负责本区域内田间管理技术指导。

五、统一收获。及时抢晴收割，需分品种使用机械收割、单晒、单收、单储。

齐河县绿色食品原料（小麦、玉米）
标准化生产基地农业投入品公告制度

一、播种前，在各基地单元醒目位置张贴允许使用、禁用或限用的农业投入品目录。

二、在播种前的技术培训中，将农业投入品作为重点培训内容之一，使基地农民掌握允许使用农业投入品使用方法，了解禁用或限用农业投入品目录。

三、基地农产品市场准入监督检查小组要加强对基地生产中农药、肥料等投入品使用进行监督检查和抽查。

四、在作物生长季节，不少于3次（含3次）农产品投入公示（包括培训），允许使用、禁用或限用的农业投入品目录。

五、农业投入品公告采取发放、张贴、培训、广播等形式。

齐河县绿色食品原料（小麦、玉米）
标准化生产基地农业投入品市场准入制度

一、为加强农业投入品管理，提高农业投入品的监管水平和能力，保护生态环境和人民群众生命健康安全，不断提高农产品质量安全水平和市场竞争力，促进我县绿色食品原料（小麦、玉米）标准化生产基地建设，根据国家有关法律、法规、规章，结合我县实际，特制定本规定。

二、本规定所指的农业投入品包括：农药、肥料、种子及其他用于小麦、玉米生

产可能影响其质量安全的物品。

三、凡在本县标准化生产基地内生产、经营、使用上述农业投入品的单位或个人必须遵守本规定。

四、建立农业投入品标签质量监测制度。农业投入品的生产单位，其产品的标识标注必须符合国家《产品标识标注规定》《农作物标签通则》《农药标签和说明书管理办法》及GB18382—2001、GB15063—2009肥料标识内容要求。

农业投入品的配送商购进产品时，必须索要有关质量证明及产品标识。必要时进行检测，检测实行配送单位自行送样检测与抽样检测相结合，送样检测应携带样品送齐河县农业局（农业行政执法大队），委托齐河县农业局（农业行政执法大队）送检或送齐河县农业行政执法大队指定检验机构检验。禁止采购、销售不符合国家规定或检验不合格的产品。

五、在齐河县境内经营农业投入品，实行市场准入制度。凡在本县市场销售的农业投入品，其生产企业、配送商应到县农业局（农业行政执法大队）提交书面和电子版准入（登记备案）申请书，同时出具生产厂家委托配送书，申请配送准入单位均依齐河县放心农资配送中心（分中心）的名义准入。被委托配送准入单位具有独立承担民事责任的能力，委托书要明确确定厂家配送人员，配送区域及区域内配送单位与人员。并提交相应产品的完整的样品包装标签、经农业部等相关部门核准的产品标签、出厂合格证、生产（经营）许可证（登记证书）、生产批准证书、农作物种子审定证书、品种保护证书、委托生产（加工）证书、营业执照副本等有效证件的复印件并加盖生产单位公章。

六、齐河县农业局（农业行政执法大队）接到农业投入品生产企业及配送商提交的申请书和有关材料后，经审查审核，发现产品不合格的，不予准入（登记备案）并不得在本行政区域内销售，待改正后重新申请准入，对产品审查合格的，发放《齐河县农业投入品市场准入书》（以下简称《准入书》），准予在全县区域内销售，切实把那些优质、高效、低毒、低残留的放心农业投入品推广应用于农业生产实际，为农业增效、农民增收提供保障。高毒、剧毒农药不得在齐河县销售。

七、《准入书》的有效期为1年。

八、对取得《准入书》的产品，在基地专供点设立统一销售。对未取得《准入书》的产品,不得在我县销售和使用，不得进行广告宣传，对擅自在我县推广使用的要依法严肃查处。

九、各专供点进货时，必须索要配送商加盖公章的《准入书》复印件及配送发票，以备各执法部门的执法检查。未取的《准入书》的货物一律不得进货。农业投入品生产经营单位或个人要建立健全生产经营档案，搞好台账记录。

十、有下列情形之一的，取消产品准入（备案）资格，并依照相关法律法规进行处理。

（1）所销售的农业投入品质量不合格的。

（2）借用、冒用、转让、涂改、伪造《准入书》的。

被取消准入（备案）资格的农业投入品，其生产者、经营者自收到取消通知书之日起1年内不得重新提出申请。

十一、有下列情形之一的，农业投入准入（备案）资格自动终止：

（1）准入（备案）期满逾期未重新申请备案的。

（2）企业名称、法人代表、经营场所发生变更的。

（3）依法终止企业生产、经营资质的。

（4）法律法规规定的其他情形。

十二、本办法自公布之日起施行。

本办法由县基地办负责解释。

齐河县绿色食品原料（小麦、玉米）标准化生产基地标志管理制度

一、齐河县绿色食品原料（小麦、玉米）标准化生产基地认证批准后，经农业部备案的龙头企业、绿色食品企业可在其基地原料产品包装上使用绿色食品标志，并使用“全国绿色食品原料（小麦、玉米）标准化生产基地”字样。

二、绿色食品标志使用应符合《中国绿色食品商标标志设计使用规范手册》，标识标注的内容应当准确、清晰、显著。

三、基地认证批准前，任何企业不得因使用我县小麦、玉米基地原料而在原料包装上使用绿色食品标志。禁止冒用绿色食品质量标志。

四、未经许可擅自使用绿色食品标志的企业一经发现，依照《中华人民共和国食品安全法》《中华人民共和国农产品质量安全法》和《中华人民共和国商标法》等法律法规处罚。

齐河县绿色食品原料（小麦、玉米）标准化生产基地农产品质量可追溯制度

一、建立“预防为主、源头治理、全程监管”的工作指导原则。以健全管理制度、强化全程监督、落实属地管理责任为重点，将质量安全理念贯穿到农业产前、产

中、产后全过程。加强农业标准化和农产品质量安全工作，严格产地环境、投入品使用、生产过程、产品质量全程监控，切实落实农产品生产、收购、储运、加工、销售各环节的质量安全监管责任，杜绝不合格产品进入市场。

二、实行农业投入品专供。加强农业投入品安全管理，制定专门的基地农业投入品管理办法并有效实施，建立农业投入品公告制度；采取各种方式定期公布基地允许使用、禁用或限用的农业投入品目录；建立农业投入品市场准入制度，从源头上有效控制投入品使用；建立投入品专供点，对基地农业投入品实行连锁配送和服务，确保了农业投入品安全使用。

三、对地块进行编号。各乡镇基地单元以村为单位将地块进行编号，并将基地地图置于基地办公室。各乡、基地村农户档案齐全、规范，能反映出基地名称、地块编号、农户姓名及地块面积等。

四、认真填写生产手册。基地办将小麦、玉米种植技术规程及生产管理手册下发到乡镇、村、农户。农户按照生产操作规程进行种植，按照生产时间如实填写生产管理手册，由各级监管队伍对其进行监督检查或抽查，并保存记录。种植过程对种子、肥料、农药实行动态监督，建立详细的出入库制度和使用档案，严格控制农药使用间隔期，保证了生产全过程每个环节都有详细记录，并且关注了人员健康和农业可持续发展。

五、原料收购记录齐全。与乡镇基地单元对接的收购企业完善收购记录及原料加工记录，能在记录中体现成品的原料来源地，并在产品包装上进行体现。

六、推进产地准出和市场准入制度建设。在产地实行产品质量检测，产品检测合格后方能流出产地。在批发市场、农贸市场开辟了绿色小麦、玉米生产基地产地专销区，以落实责任，强化监管为重点，以实施良好农业规范标准、推进农业标准化生产为抓手，加快建立农产品质量可查询、产品流向可追踪制度。

齐河县绿色食品原料（小麦、玉米）标准化生产基地目标责任制考核办法

为规范齐河县绿色食品原料标准化生产基地技术指导和农业技术行为，保障标准化基地持续、稳定、健康发展，充分发挥标准化基地在农业和农村经济发展中的主导作用，根据《关于创建全国绿色食品标准化生产基地的意见》（农绿[2005]2号）和《全国绿色食品原料标准化生产基地验收办法》文件精神，结合我县实际，制定本办法。

一、考核对象

（1）齐河县绿色食品原料（小麦、玉米）标准化生产基地各乡镇单元。

（2）镇绿色食品原料（小麦、玉米）标准化生产基地领导小组相关部门。

二、考核方式

标准化基地目标考核，遵循公正、科学、真实的原则，采取自查与核查相结合、平时检查与年终考核相结合、资料审查与现场核查相结合。先由各乡镇进行自查，再由县绿色食品（小麦、玉米）标准化生产基地建设领导小组组织开展和评定。具体程序为：

（1）听取汇报。汇报基地单元建设情况及取得的效益。

（2）审查资料。审查各乡镇的各种培训记录和开展工作情况记录。

（3）访问农户。采取随机访问的方式，了解和检查标准化基地落实情况及效益情况。

（4）公开测评。按考核内容和要求考评。

（5）小结反馈。以会议形式，集中反馈目标考核情况，提出加强标准化基地建设的意见和建议。

三、考核内容

（一）考核指标

1. 组织管理体系。基地各乡镇、村明确基地建设责任人和具体工作人员，并签订责任书，明确责任，有效开展工作。（10分）

2. 生产管理体系。建立县、乡、村、户生产管理体系，下发《齐河县创建全国绿色食品原料（小麦、玉米）标准化生产基地农户使用手册》。建立统一的农户档案制度，做好农户田间生产管理记录。(21分)

3. 农业投入品管理。建立基地用农户投入品公告制度，定期公布并明示基地允许使用、禁用或限用的农业投入品目录，从源头上把好投入品的使用关。(7分)

4. 技术服务。制定培训计划，组织基地农户学习绿色食品生产技术，保证每个农户至少有一人基本掌握标准化绿色食品生产技术。(8分)

5. 监督管理。建立完善的监督管理制度，建立监督队伍，形成品种、药品准入制，加强对基地的监督检查。(5分)

6. 基地设施建设和环境保护。建立基地保护区，加强对基地内山、水、林、田、路综合治理；加强农田水利基本建设。(7分)

7. 产业化经营。创建龙头企业，扶持大户，构建"企业+基地+农户"模式，形成产供销一体化经营。(3分)

8. 效益分析。标准化基地创建成为促进新农村建设的重要手段，促进农民增收效果明显，对县域经济发展带动作用强，做好宣传报道工作，进一步提升原料产品市场知名度。(8分)

验收采取单项评分、综合评估的办法，总分为100分，考核达到90分（含）以上为合格，90分以下为不合格。

（二）6个一票否决点

第一项：用了转基因品种。

第二项：用了禁用肥料。

第三项：用了禁用农药或用药剂量、方式、安全间隔期违背标准。

第四项：滥用标志 、违规标注。

第五项：规定范围内有污染源。

第六项：养殖场粪水未经无害化处理、农家肥未经高温发酵。

在基地建设生产过程中，若发现一个否决点，验收按"不合格"处理。

四、奖惩办法

(1) 各乡镇各自负责考核内容和要求，县基地办根据考核测评结果评选出先进单元3名，以县基地办名义给予通报表扬，并在年终乡镇考评中给予加分。

(2) 对考核测评不合格的单元，要向县基地办出具书面检查，并限期完成整改；对测评较差的单元，将以县基地办名义给予通报批评。

全力打造鲁北黄河粮仓

大方田引领　整建制推进
全力打造鲁北黄河大粮仓

近年来，齐河县在中央和省、市党委、政府的坚强领导下，在上级有关部门的关心支持下，始终把粮食生产作为保安全、惠民生、强基础的大事来抓，以实施整建制粮食高产创建为突破口，推动了粮食生产的健康发展，连续7年荣获全国粮食生产先进县、全国粮食生产先进县标兵等“国字号”荣誉称号，创造了连年高产稳产、持续增产的“齐河模式”。

一、齐河县粮食生产基本情况

齐河县地处山东省德州市最南端，紧邻黄河，与省会济南隔河相望，位于农业部黄淮海强筋小麦、优质玉米优势产业带内，总面积1 411平方千米，耕地面积126万亩，常年粮食种植面积220万亩以上，素有鲁北黄河粮仓之称。近年来，齐河县委、县政府始终高度重视粮食生产，将其列入重要议事日程，不断创新工作思路、创新技术集成，强化工作措施，创造了连年粮食高产稳产、持续增产的“齐河模式”。2014年，全县粮食总产达13.66亿千克，占德州市总产量的1/6，实现“十二连增”，成为连续八年总产过10亿千克的超级产粮大县。

该县实施整建制粮食高产创建有着得天独厚的条件：

一是气候条件好。齐河属暖温带半湿润大陆性季风气候，四季分明，干湿雨季明显，年均无霜期217天，平均日照时数2 680小时，雨热同季，光照充足，适宜粮食作物生长。

二是水浇条件好。黄河穿越县境，境内沿黄河62.5千米，有4座引黄闸、17条干渠，水网体系完善，年引黄河水量3.5亿立方米，引黄灌溉能力达95%以上；浅层地下水可开采资源3.5亿立方米，具备良好的水浇条件。

三是耕地条件好。齐河属黄河冲击平原，土质肥沃，土壤质地以中轻壤土为主，耕地地力较好，一、二、三等级地面积占到总耕地面积的66%。人均占有耕地2.4亩，耕地成方连片，非常适于小麦、玉米等作物种植。

四是群众基础好。齐河是传统农业大县，粮食收入是农民收入的主要来源，当地群众历来注重粮食生产，投入意识和科技意识较强，具有实施高产创建的坚实基础。

二、齐河县整建制高产创建取得的显著成效

近年来，通过开展农业部粮食高产创建示范县建设，特别是2010年实施整建制粮食高产创建以来，全县粮食生产取得了显著成效。

一是粮食产量大幅提高。2014年，小麦平均单产562.1千克，较2007年增长102.2千克，增幅达22%；玉米平均单产637.3千克，较2007年增长148.4千克，增幅达30.3%。

二是打造了全国高产创建典型。利用4年的时间，建成了20万亩粮食高产创建核心区，成为全省乃至全国面积最大、标准最高的粮食高产示范区。2014年，经农业部组织专家实打测产验收，小麦平均亩产715.97千克，玉米平均亩产786.3千克，两季平均亩产1502.3千克，在全国率先实现20万亩吨半粮，再次刷新全国大面积粮食高产新纪录。在全国县级率先出台小麦、玉米生产社会化服务标准和质量安全生产标准，并于2015年1月17日在北京举行了新闻发布会。

三是增加了农民收入。通过整建制高产创建，全县粮食综合生产能力大幅提升，土地产出效益不断提高，亩均增效100元以上。同时，结合粮食高产创建，积极培植粮食深加工等农业产业化龙头企业，实施“龙头企业+基地”，推进订单农业，订单面积达60万亩。其中，20万亩粮食高产创建核心区全部实现订单收购，每千克粮食价格平均高于市场价0.2元，真正实现了粮食增产、农民增收、农业增效。

四是得到了各级领导的认可。国家、省、市各级领导多次到齐河视察粮食生产，均给予了高度评价。全国粮食增产模式攻关现场会、全国秋粮生产现场会、山东省春季农业生产现场会等先后在齐河召开。2011年、2012年时任齐河县委书记魏洪祥同志受到了温家宝总理的亲切接见，并作为全国唯一县委书记代表参加了全国粮食“九连增”新闻发布会，介绍了齐河高产创建工作经验。央视新闻联播、新闻频道、农民日报、大众日报等多家中央、省新闻媒体先后报道了齐河粮食生产的经验做法。

三、齐河县实施整建制粮食高产创建的主要做法

齐河县的主要做法体现在“七抓”：

（一）抓模式创新，解决好规划引领的问题

齐河县粮食高产创建的最大特色是整建制推进、大方田引领。坚持一张规划蓝图抓到底，步步引领、不断升级，高标准建设，规范化推进。

一是全力打造高产创建核心区。2008年，德州市在全国率先提出开展粮食高产创建活动，并在齐河先行试点，在焦庙镇、赵官镇、刘桥乡建立了3个万亩示范片，

整合农业基础建设项目，加大投入，集成配套增产技术集中打造。当年3个万亩方小麦、玉米夏秋两季单产达到1 230千克，高于全县平均111千克，试点效果显著。在此基础上，县委、县政府决定扩大示范面积，正式拉开了高产创建核心区建设工程序幕。2009—2010年，县财政筹资5 000多万元，集中打造了5万亩高产创建核心区。2010年，经山东省农业厅组织测产，5万亩核心区全年平均单产1 344千克，首次创造了全国大面积高产纪录，高产创建试点取得极大成功。2011年4月18日，时任国务院副总理回良玉同志专程来齐河视察粮食高产创建工作，并给予高度评价。2012年，在5万亩核心区的基础上，齐河县又投资1.3亿元，实施了"西延"工程，打破乡镇地域界限，建成10万亩高产创建核心区；2013年，投资2.2亿元，实施了核心区"东扩、北跨"工程，将核心区面积扩大到20万亩。2015年，预计投资9.7亿元，建设80万亩吨半粮高产高效创建示范区，分为西线片区、南线片区、东线片区、北线片区和20万亩核心区"五大片区"。

二是全面推进农业部绿色增产模式攻关80万亩吨半粮高产高效示范区建设。2014年，20万亩粮食增产模式攻关核心区两季平均亩产1 502.3千克，在全国率先实现20万亩吨半粮，再次刷新全国大面积粮食高产新纪录。2015年，在全面总结20万亩粮食增产模式攻关核心区成功经验的基础上，在全国率先启动农业部绿色增产模式攻关80万亩吨半粮高产高效示范区建设工程，积极整合千亿斤粮食、农业综合开发、土地治理、小农水等项目资金集中投入，健全完善农田基础生产条件，不断夯实粮食高产平台。

三是抓好绿色粮食增产模式攻关整建制"吨半粮"乡镇创建活动。2015年，积极开展了整建制"吨半粮"乡镇创建活动，焦庙、刘桥、祝阿、仁里、华店、潘店6个乡镇为整建制"吨半粮"创建乡镇，其他乡镇分别设立2万～5万亩"吨半粮"创建示范区，集中连片开展全年"吨半粮"绿色增产模式攻关。

（二）加快农业新型经营主体培植

一是努力推动农村土地合理有序流转，培植种粮大户、家庭农场和农民专业合作社向组织化、规模化、标准化发展。县政府制定出台了《齐河县新型农民专业合作组织（粮食、植保、农机）的奖励扶持办法》，对发展好、带动能力强的农民合作社给予10万～20万元的奖扶。2014年实现新增农民专业合作社102家、家庭农场58家、种粮大户108个。截至目前，全县百亩以上大户达到157个，各类农民专业合作社达到1 090家，家庭农场达到78家。2015年一季度，全县完成新增合作社16家，注册家庭农场13家，超额完成既定任务目标。计划全年培育种粮大户100个，规范提升农民专业合作社100家，指导注册家庭农场40家。

二是国家、省级示范社创建取得突破。齐河县千村植保病虫害机防专业合作社、旺达奶牛养殖合作社荣获国家农民合作社示范社称号；齐河县马集镇兴科种植专业合作社等2家合作社荣获省级农民合作社示范社称号。

三是农业社会化服务能力加强。重点培植了齐力新农业服务有限公司，为农民提供代耕、代播、代防、代灌、农技培训等“四代一培”综合服务。2014年该公司承担了20万亩核心区统一飞防作业、10万亩深耕深松作业。全县各类经营性服务组织达到168家，社会化服务面积突破了100万亩。

四是加快培育新型职业农民。齐河作为山东省新型职业农民试点县，结合县域特色，创新培训模式，形成了“一点两线”的培训模式，摸索打造出了一条新型职业农民生产线。“一点两线”即以产业为立足点，强抓生产技能和经营管理两条培训线，依据农业生产技术环节和农时季节从种到收开展全程培训，依据时间节点和产业需求从生产决策、成本核算、过程控制、产品营销到资金回笼开展全程培训，促进农业规模化生产。2014年，全县重点围绕种粮大户、合作社带头人等开展了培育试点，累计举办集中培训班4期20多场次，培育新型职业农民300人，努力实现种粮农民由“留守军”向“职业军”的转变。2015年，完成培育新型职业农民1 000人以上、认定农村实用人才2万人以上，并建立健全农村实用人才库。

（三）抓新型社会化服务组织建设，解决好“谁为农民服务”的问题

在土地适度流转及农机集约化经营的新形势下，齐河县积极构建新型社会化服务体系，按照主体多元化、服务多样化的方式，以农业增产增效为目标，结合农民实际需求，大力推广“订单”作业新模式，促进农业服务规模化，在产前、产中、产后等农产品生产经营全过程中，积极为家庭农场、种粮大户等经营主体开展大田作物托管服务，释放改革“红利”。

一是服务主体“多元化”。经营性服务主体初具规模，截至2014年年底，全县农机专业合作社发展到147个，农机大户500余户，主要粮食作物耕种收综合机械化水平达97.6%，其中小麦玉米实现耕种收全过程机械化。齐力新农业服务有限公司是一家为农民提供代耕、代播、代防、代灌、农技培训等“四代一培”综合服务的社会化服务企业，拥有大型飞防直升机、大中型拖拉机、联合收割机等各类机械设备680台套，具备100万亩作业能力，是江北最大的农业生产全程社会化服务组织。2013年以来，该公司重点针对承包大户、种植大户、家庭农场等，主要以病虫害统防统治为主开展了社会化服务。一年时间，该公司粮田病虫害统防统治面积就达到40多万亩，全程承包式服务面积达到了3万亩。从算账对比看，农户个人防治每亩费用为20 ~ 25元，而统防统治每亩仅需13 ~ 15元，每亩地节省了7 ~ 10元，真正做到了让农民省心、省力、省钱。下一步，计划在县级层面建设齐河县农业合作总社，在乡镇层面，依托乡镇供销社，按照每个合作社占地30 ~ 50亩、作业覆盖面积2万亩的

标准，规划建设规模化作业合作社60个以上，实行规模化管理、规模化经营。目前，正在积极推进中。力争新增各类社会化服务组织30家，全年服务能力100万亩以上

二是服务内容"多样化"。创新服务模式，推广菜单式、托管式、承包式、"4S店"式和跨区作业等多种服务形式，满足了广大农户不同层次、不同类型的生产需要，实现了土地规模化经营和集约化生产，解决了一家一户办不了、办不好、办了不合算的问题。2014年，全县完成农机作业服务面积720万亩，实现作业收入5.2亿元。公司、农机合作组织、农机大户、家庭农场和种粮大户，通过租赁、转包、代种等形式，完成订单作业服务面积200万亩，占全县耕地作业面积的27%。华店乡德金农机专业合作社，流转土地2 000亩，托管土地3 000亩，年作业面积达2万亩；齐河军华农机服务专业合作社，承担县内5 000台农机的维修服务，并辐射济阳、长清、高唐、茌平等地，年营业收入700万元；大黄乡军民、晏城街道福田、潘店镇亚杰农机合作社，农机实行订单作业和跨区作业方式，每台机具比原来增加600亩，净收入增加1.8万元。

（四）抓农业产业化发展，解决好"种地有效益"的问题

齐河县大力发展粮食产业化经营，鼓励龙头企业投资前移，开展订单生产，建立粮食生产基地，密切产加销衔接。目前，全县拥有粮食种植及深加工龙头企业80多家，粮食年深加工转化率占全县粮食总产的60%。2015年力争新增国家级农业龙头企业1家、省级3家、市级10家、规模以上龙头企业（新型农业服务公司）30家以上。

为促进订单农业发展，齐河县为巨能鲁齐、鲁粮工贸、万方饲料、旺旺集团等20多家粮油产业龙头企业提供政策、资金、技术和货源信息帮扶，组织协调有关部门简化相关手续，开启"订单"小麦"绿色通道"和"绿色窗口"服务，推动生产与加工亲密结合，让粮食企业与农民签订的"小订单"延伸为与主销区签订的"大订单"。作为全县就地转化原粮的龙头企业，齐河巨能鲁齐粮油食品有限公司年可加工小麦1亿千克，公司采用"企业+基地+农户""种粮大户＋基地＋农户"等多种经营模式，大力发展订单生产，扩大订单面积。该公司与种粮大户王成亮合作，采用标准化农业生产技术，种植优质小麦，使小麦品质优于国家标准，提高了产品市场竞争力，走出了一条健康、绿色、高效的发展之路。

（五）抓基层党组织保障，解决好"谁为农业生产保驾护航"的问题

"群众要致富，关键在支部；班子强不强，关键在班长"。村级党组织书记是群众的"主心骨"、发展的"领头雁"、稳定的"顶梁柱"，担负着发展经济、维护稳定、凝聚群众、落实政策的重要责任。抓好农村支部书记这支队伍，就抓住了农村基层组织建设的"牛鼻子"，这支队伍强了，农村发展稳定就有了保证，一些突出问题，比如，集体经济薄弱、服务能力不强等也就迎刃而解。2013年10月以来，齐河县在全

省率先推行了农村社区党组织书记专职化管理，实现了农村带头人在职有合理报酬、干好有发展前途、退职有基本保障，进一步增强了他们的责任意识、宗旨意识、发展意识，提升了基层党组织的战斗堡垒作用，夯实了科学发展、率先跨越的基层基础。

一是明确身份，实行参照管理。对社区（村）党组织书记参照乡镇机关在编人员管理，由县委组织部备案管理、审批任免，乡镇党委负责日常管理、监督考核，县财政按月发放工资，县人社局建立档案、办理养老保险。对社区（村）党组织书记的调整，由乡镇党委研究提出意见，报县委组织部审核后，由乡镇党委履行任免程序，有效避免了调整的随意性和“降格以求”现象的产生。同时，使支部书记感到自己也是县里管的干部，受重视、有面子。

二是严格选任，建强骨干队伍。对农村党组织书记细化了政治素质高、文化水平高、群众威信高、发展能力强、服务能力强、协调能力强“三高三强”标准，明确了不能选任的10个具体要求。在选任方式上，实行“两条腿走路”。首先，立足村内选人，真正把想干事、能干事、干成事的优秀党员，选拔到农村党组织书记岗位上。2015年以来，全县采取“两推一选”的方式，新选任了19名农村党组织书记。其次，对村内没有合适人选的，面向县乡机关企事业单位，公开选拔农村党组织书记。2015年4月，全县首批确定了28个社区（村）公选党组织书记，共有97名机关事业单位工作人员报名考选，5月将组织笔试、面试和考察，并在新闻媒体进行公示。为保证农村党组织书记队伍的“源头活水”，按照至少“一职一备”的要求，着重从农民专业合作社带头人、有致富项目的能人和外出打工经商、搞经营管理的返乡知识青年等优秀人才中培养后备人选，全县建起了1 200人的农村党组织书记后备干部人才库，并分别由乡镇机关干部结对帮扶，对表现优秀的及时选拔到农村党组织书记岗位上来。

三是加大投入，提高工作待遇。让在职的有合理待遇。年均工资达到20 000元以上，相当于一个普通乡镇工作人员的工资。规范社区（村）党组织书记工资构成，分为基础工资、星级工资、绩效工资三部分，由县财政统筹，通过“一卡通”直接发到党组织书记手中，并建立定期调整机制。基础工资每人每月1 000元，月初发放，让村支部书记感觉自己能像正式工作人员一样按月“领工资”；星级工资人均3 500元，每年“七一”发放；绩效工资人均5 000元，年底发放。县财政为在职党组织书记每年缴纳养老保险，人均4 500元。县乡机关企事业单位工作人员担任社区（村）党组织书记的，任职期间原单位工资待遇不变，另外每人每年发放5 000元岗位补贴。让干好的有发展前途。年度考核“优秀”的农村社区（村）党组织书记，优先推荐为各级党代表、人大代表、政协委员人选，并且县委每年评选表彰50名“功勋农村党组织书记”，让干得好的不仅经济上得实惠，而且社会上有地位。让退职的有基本保障。

实行退职工资与养老保险相结合的方式，对年龄较大、不愿办理养老保险的，由县财政根据任职年限分级发放退职工资。每年投入400多万元，为连续任职10年以上的退职党组织书记发放退职工资。实行专职化后，县财政每年列入预算专职化投入3 000余万元。年底前，按照社区（村）党组织书记工资的一定比例，发放村主任等其他干部的报酬。

四是加强考核，实行动态调整。研究制定了农村社区（村）党组织暨党组织书记千分制考核办法，对社区（村）党组织书记年度目标任务完成情况、履职尽责情况进行全面考核。对考核末位的社区（村）党组织书记，每年淘汰一批，全面营造竞职上岗态势，充分调动了广大党组织书记干事创业的激情。

推行农村社区（村）党组织书记专职化管理，进一步增强了农村党组织书记发展集体经济、带领群众致富的压力感和紧迫感，全县涌现出一大批各具特色的产业强村，实现了集体经济和群众个人收入"双增长"。晏城街道大杨村是蔬菜种植大村，但多年来该村村民大都是"单打独斗"，抗市场风险能力不强。实行党组织书记专职化后，该村支部书记杨江林牵头成立了蔬菜种植合作社，有效增加了村民和集体收益。截至目前，全县集体经济收入超过10万元的农村社区163个、超过3万元的行政村41个，分别比2012年增长39%、42%。

（六）抓资金投入，解决好提升平台档次的问题

县财政每年拿出1亿元支持和引导粮食生产。按照"稳高、提中、促低"工作方针，不断加大扩面力度，实现了低产变中产、中产变高产、高产向超高产的过渡。

一是加大农田基础设施投入。近5年来，通过集中整合项目、县财政直接投入等方式，累计投入9亿多元，先后实施了小农水、农业综合开发、中低产田改造、千亿斤粮食产能工程、农田林网工程等农田基建工程，产生了项目叠加效应，新增改善灌溉面积80万亩，30万亩粮田用上了"田间自来水"。全县粮田林网覆盖率达到100%，农田有效灌溉率95%。

二是加大关键环节投入。县财政连续两年累计投入2 000多万元，对全县60万亩夏玉米实行免费统一供种。连续三年对20万亩核心区实施了深耕深松作业补贴，全县小麦深耕深松面积达到60%以上。连续四年，每年补贴购置小麦宽幅播种机近600台（套），总量达到3 000多台，在全省率先实现小麦宽幅精播全覆盖，成为山东省小麦宽幅精播第一县。2014年，又从高产创建专项资金中拿出160万元，新购置田间施肥机3 000台、速效氮肥800吨，努力提升粮食高产创建水平。2015年，补贴购置玉米播种耧700台，发放到乡镇、村。

三是加大政策奖扶力度。2012年，县里制定出台了《齐河县农业发展奖扶政策》，对百亩以上种粮大户，每亩给予20～100元的补贴，帮助30个种粮大户享受省补贴

资金122万元，占到全市的近50%，万亩大户王成亮享受到36万元。2014年，制定出台了《齐河县新型农民专业合作组织（粮食、植保、农机）的奖励扶持办法》，对发展好、带动能力强的农民合作社给予10万～20万元的奖扶。

四是加大金融支农力度。齐河县积极改善金融服务，大力支持现代农业发展，取得了显著成效。齐河农商银行深入推进金融服务进村入社区、阳光信贷和富民惠农创新“三大工程”建设，在传统信贷产品的基础上，创新推出“农机保”贷款产品。对各类涉农信贷业务，实施利率优惠政策，在普通贷款利率浮动基础上普遍少上浮20个百分点，并对全县种粮大户、农民专业合作社、家庭农场等主动上门服务，对有贷款需求的及时提供资金支持。截至2014年3月末，涉农贷款余额37.79亿元，共办理农民专业合作社贷款2 917万元。齐河县农业发展银行积极筛选发展潜力大、科技含量高、地方贡献多的“农字号”龙头企业，做好包装推介工作，努力争取信贷资金。近年来，为全县3家省级农业产业化龙头企业争取信贷资金8 300万元，为8家市级农业产业化龙头企业争取信贷资金6 100万元。

（七）抓科技支撑，解决好“良种良法最后一公里”的问题

科技是第一生产力，粮食要增产，科技是关键。坚持良种良法配套、农机农艺结合，努力推进科技成果转化。

一是健全农业科技服务组织。县里组建了61人的农技队伍，每个乡镇配备了不低于10人的农技推广队伍，示范区每村选择了10个科技示范户，形成了“县有技术专家、乡有技术骨干、村有技术标兵”的三级科技服务体系。

二是加强科技培训。在县电视台开辟了专家讲座，在齐河报设立了专家金点子专栏；开通了“农政通”手机短信平台，每年向农民发送技术信息25万多条；邀请省科研院校农业技术专家定期来我县举办技术讲座，现场指导农业生产；县里组织了50名农技人员成立“讲师团”，每年开展培训200多场，培训农民5万多人次，发放农技资料10万余份。

三是集成推广先进农业技术。在小麦生产上，重点推广了统一良种供应、秸秆还田、测土配方施肥、宽幅精量播种、浇越冬水、一喷三防、病虫害统防统治、深耕深松等“八统一”技术；在玉米生产上，重点落实了种植高产耐密品种、抢茬机械单粒播种、测土配方施肥、机械收获、适期晚收、一防双减等“六配套”技术，关键技术措施落实到位率均达到100%。

四是突出农机农艺结合。四年来，新增购置小麦宽幅播种机、施肥机、深松机、植保机、小麦、玉米联合收割机等大中型农业机械1.2万余台（套）。目前，全县农机保有量达到5.2万台（套），总动力达230万千瓦，粮食生产基本实现全程机械化，位居德州市首位。

余欣荣部长批示

衍德同志，转达对项目组同志的问候！增产模式攻关必须坚持领导挂帅、专家领衔、上下协同、分工履责、强化调度、按规交账的制度，继续把小麦外的其他项目抓实、抓严、抓好。

余欣荣　　6月9日

曾衍德司长批示

请粮油处落实好余部长的批示要求，创新地抓好粮食增产模式攻关。

曾衍德　　6月9日

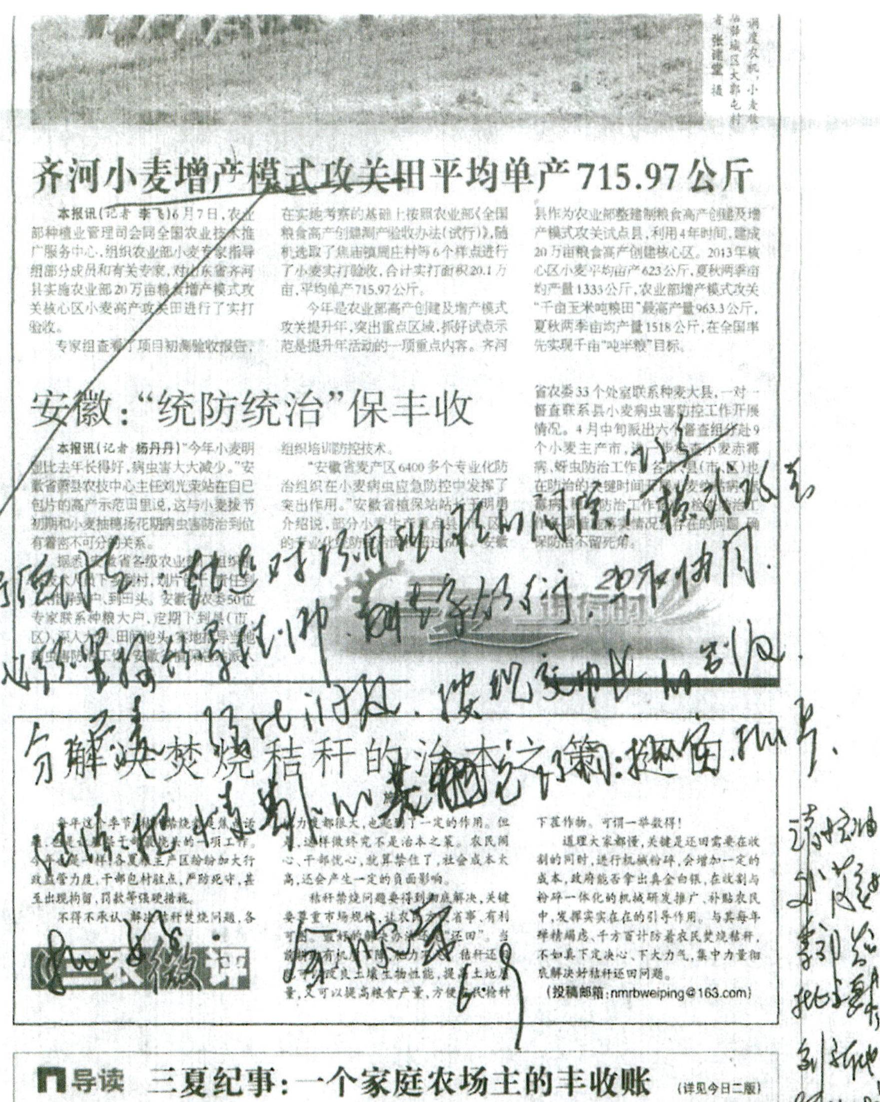

齐河小麦增产模式攻关田平均单产715.97公斤

本报讯（记者 李飞）6月7日，农业部种植业管理司会同全国农业技术推广服务中心，组织农业部小麦专家指导组部分成员和有关专家，对山东省齐河县实施农业部20万亩粮食增产模式攻关核心区小麦高产攻关田进行了实打验收。

专家组查看了项目初测验收报告，在实地考察的基础上按照农业部《全国粮食高产创建测产验收办法（试行）》，随机选取了焦庙镇周庄村等6个样点进行了小麦实打验收，合计实打面积20.1万亩，平均单产715.97公斤。

今年是农业部高产创建及增产模式攻关提升年，突出重点区域，抓好试点示范是提升年活动的一项重点内容。齐河县作为农业部整建制粮食高产创建及增产模式攻关试点县，利用4年时间，建成20万亩粮食高产创建核心区。2013年核心区小麦平均亩产623公斤，夏秋两季亩均产量1333公斤，农业部增产模式攻关“千亩玉米吨粮田”最高产量963.3公斤，夏秋两季亩均产量1518公斤，在全国率先实现千亩“吨半粮”目标。

安徽：“统防统治”保丰收

本报讯（记者 杨丹丹）“今年小麦明显比去年长得好，病虫害大大减少。”安徽省萧县农技中心主任刘光荣站在自己包片的高产示范田里说，这与小麦拔节初期和小麦抽穗扬花期病虫害防治到位有着密不可分的关系。

据悉，安徽省各级农业部门组织技术人员下乡进村，划片包干，责任到人，指导到户、到田头。安徽省农委50位专家联系种粮大户，定期下到县（市、区），深入[illegible]、田间地头，实地指导当地[illegible]组织培训防控技术。

“安徽省麦产区6400多个专业化防治组织在小麦病虫应急防控中发挥了突出作用。”安徽省植保站站长王明勇介绍说，部分小麦生产重点县[illegible]的专业化防治[illegible]超过60%。安徽省农委33个处室联系种麦大县，一对一督查联系县小麦病虫害防控工作开展情况。4月中旬派出六个督查组分赴9个小麦主产市，进一步督查小麦赤霉病、蚜虫防治工作。各市、县（市、区）也在防治的关键时间[illegible]防治工作[illegible]情况及存在的问题，确保防治不留死角。

解决焚烧秸秆的治本之策

三农微评

今年这个季节，[illegible]秸秆焚烧[illegible]的一项工作。今年[illegible]一样，各夏粮主产区纷纷加大行政监管力度，干部包村驻点，严防死守，甚至出现拘留、罚款等强硬措施。

不得不承认，解决秸秆焚烧问题，各地力度都很大，也起到了一定的作用。但是，这样做终究不是治本之策。农民闹心、干部忧心，就算禁住了，社会成本太高，还会产生一定的负面影响。

秸秆禁烧问题要得到彻底解决，关键要尊重市场规律，让农民[illegible]省事、有利可图。[illegible]“还田”。当前[illegible]秸秆还田[illegible]改良土壤生物性能，提高土地质量，又可以提高粮食产量，方便农民抢种下茬作物。可谓一举数得！

道理大家都懂，关键是还田需要在收割的同时，进行机械粉碎，会增加一定的成本，政府能否拿出真金白银，在收割与粉碎一体化的机械研发推广、补贴农民中，发挥实实在在的引导作用。与其每年殚精竭虑、千方百计防着农民焚烧秸秆，不如真下定决心、下大力气，集中力量彻底解决好秸秆还田问题。

（投稿邮箱：nmrbweiping@163.com）

导读 三夏纪事：一个家庭农场主的丰收账 （详见今日二版）

齐河县粮食绿色增产模式攻关30万亩核心示范区 2015年小麦抽样测产验收报告

2015年6月2日，农业部种植业管理司会同全国农业技术推广服务中心、山东省农业厅，组织农业部小麦专家指导组部分成员和有关专家，对山东省德州市齐河县实施的农业部粮食绿色增产模式攻关30万亩核心示范区小麦进行了抽样测产验收。专家组听取了齐河县关于整建制开展粮食高产创建和绿色增产模式攻关工作汇报和初测报告，实地考察了核心区生产现场。在此基础上，参照农业部《全国粮食高产创建测产验收办法》进行了小麦田间理论产量复测。

一、示范区基本情况

齐河县绿色增产模式攻关高产高效创建示范区，包括30万亩核心区及东南西北线共“五大片区”，其中核心区示范方面积31.6万亩，位于齐河县焦庙镇、刘桥乡、祝阿镇、华店乡、晏城街道办。种植品种为济麦22、鲁原502。

二、齐河县自测结果

齐河县农业局5月26日组织技术人员对30万亩核心区小麦进行了初步测产。按500亩为一个测产单元，共测624个单元。示范区小麦平均亩穗数50.22万穗、穗粒数36.27

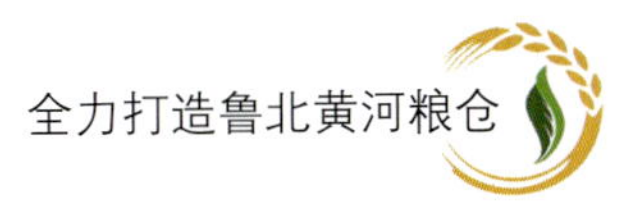

粒，千粒重按常年平均数 43.6 克计算，八五折平均亩产 675.0 公斤。

三、专家组复测结果

测产专家组由农业部小麦专家指导组专家 4 名、山东省小麦专家 16 名组成，分 10 个小组进行田间测产。专家组采取复测的办法审定核实测产结果。按初测报告选定的测产单元抽取 15%、共 90 个单元进行复测。每单元随机抽测 2 个点，取 1 平方米测平均亩穗数，随机抽取 10 个麦穗、分 3 次重复测平均穗粒数。

经汇总分析，田间理论产量复测结果如下：核心示范区小麦平均亩穗数 52.8 万，穗粒数 33.3 粒，千粒重按常年平均数 43.6 克计算，八五折平均亩产 651.6 公斤。

验收组组长：

副　组　长：

2015 年 6 月 2 日

第 2 页 共 4 页

齐河县粮食绿色增产模式攻关30万亩核心示范区测产验收专家组成员名单

专家组职务	姓　名	工作单位	专　业	职　称	签　字
组　长	赵广才	中国农科院	小麦栽培	研究员	赵广才
副组长	王志敏	中国农业大学农学与生物技术学院	小麦栽培	教授	王志敏
副组长	汤永禄	四川省农业科学院	小麦栽培	研究员	汤永禄
成员	吕修涛	全国农业技术推广服务中心粮食处	农技推广	高级农艺师	吕修涛
成员	王振林	山东农业大学	小麦栽培	教授	王振林
成员	贺明荣	山东农业大学	小麦栽培	教授	贺明荣
成员	石　岩	青岛农业大学	小麦栽培	教授	石岩
成员	高瑞杰	山东省农技推广总站	农技推广	研究员	高瑞杰
成员	迟新之	山东省农技推广总站	农技推广	研究员	迟新之

第3页共4页

成员	柴兰高	山东省农技推广总站	农技推广	研究员	
成员	刘喜民	山东省农技推广总站	农技推广	研究员	
成员	鞠正春	山东省农技推广总站	农技推广	研究员	
成员	姜鸿明	烟台市农科院	小麦育种	研究员	
成员	林玉柱	淄博市农技推广中心	农技推广	研究员	
成员	杨洪宾	济宁市农技站	农技推广	研究员	
成员	师仰胜	聊城市农技站	农技推广	研究员	
成员	许元锦	淄博市农技站	农技推广	研究员	
成员	郑以宏	潍坊市农技站	农技推广	研究员	
成员	尹秀波	山东省农技推广总站	农技推广	高级农艺师	
成员	殷复伟	泰安市农技站	农技推广	高级农艺师	

2014年齐河县20万亩粮食增产模式攻关核心区小麦实打验收报告

2014年6月7日，农业部种植业管理司会同全国农业技术推广服务中心，组织农业部小麦专家指导组部分成员和有关专家，对齐河县实施的农业部20万亩粮食增产模式攻关核心区小麦高产攻关田进行了实打验收。专家组听取了齐河县关于整建制开展粮食高产创建和增产模式攻关工作汇报，查看了项目初测验收报告，在实地考察的基础上，按照农业部《全国粮食高产创建测产验收办法（试行）》，随机选取了有代表性的6个样点，进行了小麦实打验收。测产结果如下：

1. 小麦高产攻关田位于焦庙镇周庄村，种植品种为济麦22，实打面积为3.36亩，共收获鲜籽粒3314公斤，杂质率5%，平均水分含量31%，折合亩产743.22公斤。

2. 小麦高产攻关田位于焦庙镇小刘村，种植品种为济麦22，实打面积为3.42亩，共收获鲜籽粒3205公斤，杂质率2%，平均水分含量34%，折合亩产701.28公斤。

3. 小麦高产攻关田位于祝阿镇周苏村，种植品种为济麦22，实打面积为4.29亩，共收获鲜籽粒4216公斤，杂质率1%，平均水分含量32.1%，折合亩产759.33公斤。

1

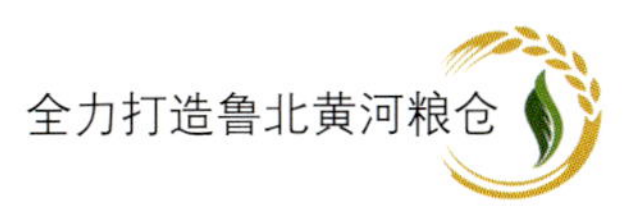

4. 小麦高产攻关田位于祝阿镇曹虎村，种植品种为济麦22，实打面积为2.90亩，共收获鲜籽粒2494.8公斤，杂质率1.13%，平均水分含量28%，折合亩产701.88公斤。

5. 小麦高产攻关田位于潘店镇大柴村，种植品种为济麦22，实打面积为3.22亩，共收获鲜籽粒2965.5公斤，杂质率1.5%，平均水分含量30.6%，折合亩产723.6公斤。

6. 小麦高产攻关田位于潘店镇后燕村，种植品种为济麦22，实打面积为2.91亩，共收获鲜籽粒2465.0公斤，杂质率1.5%，平均水分含量30.5%，折合亩产666.50公斤。

选取的6个实打样点，合计实打面积20.1亩，平均单产715.97公斤。

组　长：

副组长：

二〇一四年六月七日

2

2014 年齐河县 20 万亩粮食增产模式攻关核心区小麦实打验收专家名单

专家组职务	姓　名	工作单位	从事专业	职　称	签字
组　长	赵广才	中国农科院	小麦栽培	研究员	
副组长	柴守玺	甘肃农业大学	小麦育种	教　授	
成　员	高春保	湖北省农科院	作物育种	研究员	
成　员	吕修涛	全国农业技术推广服务中心	农技推广	高级农艺师	
成　员	王　东	山东农业大学	小麦栽培	教　授	
成　员	张振兴	德州市农业局	农技推广	高级农艺师	
成　员	盖宇明	德州市农业局	农技推广	高级农艺师	

3

齐河县20万亩粮食高产创建暨增产模式攻关核心区玉米测产验收报告

2014年10月2日，农业部组织有关专家对山东省德州市齐河县实施的20万亩粮食高产创建暨增产模式攻关示范方进行了测产验收。专家组听取了齐河县高产创建及增产模式攻关工作汇报和初测报告，实地考察了20万亩玉米生产现场，按照《全国粮食高产创建测产验收办法》，进行了玉米产量复测验收。

一、初测结果

德州市、齐河县农业局于9月15—18日对20万亩高产创建及增产模式攻关核心区玉米进行了初步测产，平均亩穗数4810穗，穗粒数570粒，千粒重按344克（品种审定公告）计算，平均亩产801.7公斤。

二、验收方法

（一）对20万亩示范方进行初测复核

根据初测结果抽取20个地块，现场复核亩穗数和穗粒数。对随机复核的20个样点，每个样点隔5株取一果穗，每样点实收20个果穗，脱粒后测百粒重，同时测定实际水分含量，换算成实际千粒重，最后计算20个样点平均千粒重。平均亩产=亩穗数×穗粒数×千粒重×85%。

（二） 对核心区万亩示范方进行实收测产

1. 取样方法。在核心万亩示范片中，选取有代表性的 30 个样点，每点随机取 3 个地块，每个地块在远离边际的位置取有代表性的样点 6 行，面积 S（平方米）≥67 平方米。

2. 田间实收。每个样点收获全部果穗，计数果穗数目后，称取鲜果穗重 Y1(公斤)，按平均穗重法取 20 个果穗作为标准样本测定鲜穗出籽率和含水率，并准确丈量收获样点实际面积。

3. 计算公式。

每亩鲜果穗重 Y（公斤/亩）=（Y1/S）×666.7；

出籽率 L（%）= X2（样品鲜籽粒重）／X1（样品鲜果穗重）；

籽粒含水率 M（%）：用国家认定并经校正后的种子水分测定仪测定籽粒含水量，每点重复测定 10 次，求平均值（M）。样品留存，备查或等自然风干后再校正；

实测产量（公斤／亩）= 鲜穗重（公斤／亩）× 出籽率（%）×［1－籽粒含水率（%）］÷（1－14%）。

（三）3 亩小面积高产攻关田全部实收测产。

对"玉米单季吨粮"高产创建攻关田选取不少于 3 亩进行全部实打实收。实收产量（公斤／亩）= 鲜穗重（公斤／亩）×出籽率（%）×［1－籽粒含水率（%）］÷（1－14%）。

三、实打测产意见

（一）对 20 万亩示范方进行初测复核。从专家组根据田间分布和初测数据，随机复核 20 个样点情况来看，复测结果如下：平均亩穗数 4621 穗，穗粒数 612 粒，实测千粒重 327.1 克；齐河县 20 万亩粮食高产创建及增产模式攻关核心区平均亩产=亩穗数×穗粒数×千粒重×85%=786.3 公斤。

（二） 核心区万亩示范方进行实收测产。分六组实收 30 个样点，平均亩产 876.6 公斤。

第 2 页 共 4 页

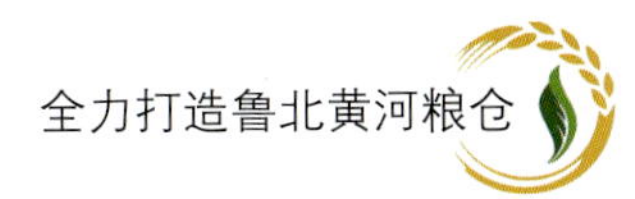

（三）小面积攻关田实打实收 3.02 亩，共收获鲜果穗重 5206.65 公斤，亩鲜穗重 1724.06 公斤，出籽率 81.8%，含水率 33.88%，平均亩产=鲜穗重（公斤／亩）×出籽率（%）×［1－籽粒含水率（%）］÷（1- 14%）=1084.3 公斤。

验收组组长：赵久然

副　组　长：马兴林

崔彦宏

2014 年 10 月 2 日

齐河县20万亩粮食高产创建暨增产模式攻关核心区玉米测产农业部专家组成员名单

专家组职务	姓　名	工作单位	从事专业	职　称	签　字
组　长	赵久然	北京市农林科学院	玉米育种栽培	研究员	赵久然
副组长	马兴林	中国农科院作科所	玉米栽培	研究员	马兴林
副组长	崔彦宏	河北农业大学	玉米栽培	教　授	崔彦宏
成　员	张　毅	全国农技推广服务中心粮食处	农技推广	研究员	张毅
成　员	张吉旺	山东农业大学	玉米栽培	教　授	张吉旺
成　员	刘树堂	青岛农业大学	植物营养	教　授	刘树堂
成　员	孟昭东	山东省农科院玉米所	玉米育种	研究员	孟昭东

第 4 页 共 4 页

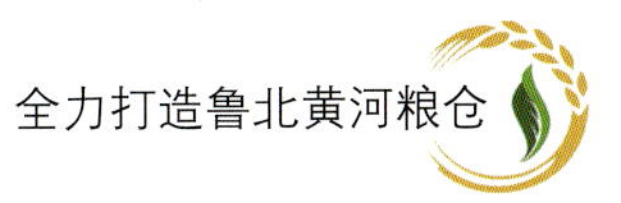

山东省德州市齐河县二十万亩小麦高产创建示范方测产验收意见

2013年6月6日，山东省农业厅组织有关专家对山东省德州市齐河县实施的二十万亩小麦高产创建示范方进行了测产验收。小麦高产创建示范方面积二十万亩，位于齐河县焦庙镇、刘桥乡、祝阿镇、华店乡、晏城街道办。种植品种为济麦22。专家组听取了齐河县高产创建工作汇报，实地考察了二十万亩高产创建现场。在此基础上，按照山东省小麦高产创建产量测产验收办法进行了产量复测。

一、初测结果

齐河县农业局6月1日组织技术人员对20万亩高产创建核心区进行了初步测产。每300亩选一个点，共测670个点。齐河示范区小麦亩穗数46.9万穗，穗粒数35.5粒，千粒重按44克计算，平均亩产622.7公斤。

二、复测结果

专家组根据田间分布，随机选取400个点，每点选取1平方米数亩穗数，随机取20个麦穗测平均穗粒数，复测结果如下：平均亩穗数49.88万穗，穗粒数32.97粒，千粒重按品种常年千粒重43.6克计算，折合平均亩产609.5公斤。与初测结果相差13.2公斤、误差2.1%，误差在5%以内。齐河县二十万亩示范方初测结果平均亩产622.7公斤有效。

验收组组长：

副　组　长：

二〇一三年六月六日

山东省德州市齐河县二十万亩小麦高产创建项目产量测产验收专家组成员名单

专家组职务	姓名	工作单位	所学专业	从事专业	职称	签字
组长	王振林	山东农业大学农学院	农学	小麦栽培	教　授	王振林
副组长	王法宏	山东省农科院作物所	农学	小麦栽培	研究员	王法宏
副组长	石　岩	青岛农业大学植物科技学院	农学	小麦栽培	教　授	石岩
成员	贺明荣	山东农业大学农学院	农学	小麦栽培	教　授	贺明荣
成员	刘建军	山东省农科院作物所	农学	小麦育种	研究员	刘建军
成员	林玉柱	淄博市农技推广中心	农学	小麦栽培	研究员	林玉柱
成员	曲召令	山东省农技推广总站	农学	农技推广	研究员	曲召令
成员	任宝珍	山东省植物保护总站	植保	植物保护	研究员	任宝珍
成员	迟新之	山东省农技推广总站	植保	农技推广	研究员	迟新之

成员	李　涛	山东省土肥总站	土肥	土　肥	研究员	
成员	柴兰高	山东省农技推广总站	农学	农技推广	研究员	
成员	万广华	山东省土肥总站	土肥	土　肥	研究员	
成员	刘喜民	山东省农技推广总站	农学	农技推广	研究员	
成员	鞠正春	山东省农技推广总站	农学	农技推广	研究员	
成员	曾英松	山东省农技推广总站	农学	农技推广	研究员	
成员	张承毅	山东省种子管理总站	农学	种子管理	研究员	
成员	冯波	山东省农业科学院作物所	农学	作物栽培	副研究员	
成员	尹秀波	山东省农技推广总站	农学	农技推广	高级农艺师	
成员	张保友	山东省种子管理总站	农学	种子推广	高级工程师	

十组	焦庙	19	济麦22	54.09	30	43.6	601.34
		20	济麦22	53.45	32.8	43.6	649.76
		21	济麦22	52.50	34.7	43.6	675.18
		22	济麦22	53.58	33.7	43.6	669.17
		23	济麦22	52.57	29.4	43.6	572.75
		24	济麦22	50.03	26.3	43.6	487.66
		25	济麦22	50.29	30.8	43.6	574.00
		26	济麦22	49.27	27	43.6	493.04
		27	济麦22	50.41	29.6	43.6	553.02
		28	济麦22	43.70	30.5	43.6	493.95
		29	济麦22	54.85	34.1	43.6	693.12
		30	济麦22	45.85	35.7	43.6	606.66
		31	济麦22	51.30	30.4	43.6	577.96
		32	济麦22	46.11	36.5	43.6	623.68
		33	济麦22	53.71	32.6	43.6	648.86
		34	济麦22	56.49	29.6	43.6	619.72
		35	济麦22	51.05	32.5	43.6	614.83
		36	济麦22	50.54	36	43.6	674.28
		37	济麦22	50.16	36.8	43.6	684.09
		38	济麦22	54.21	32.3	43.6	648.95
		39	济麦22	53.07	32.7	43.6	643.18
		40	济麦22	53.07	34	43.6	668.75
		小计	济麦22	51.49	33.36	43.6	636.56
合计平均		400		49.88	32.97	43.6	609.50

验收专家组组长：

验收时间：2013年6月6日

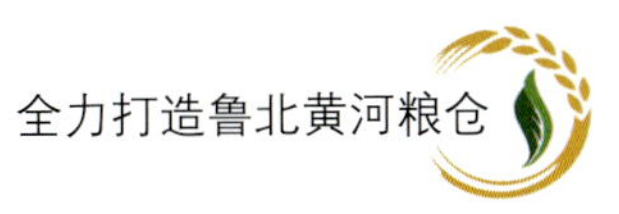

2013年山东省德州市齐河县二十万亩高产创建核心区测产验收意见

2013年9月28日，根据德州市农业局申请，山东省农业厅组织有关专家对齐河县实施的二十万亩玉米高产创建核心区测产验收。专家实地考察了二十万亩高产创建现场，参照农业部玉米高产创建测产验收办法，分10个组进行测产，每组测产20个点，共200个点。测产结果如下：

一、测产地点和品种

玉米高产创建核心区面积二十万亩，分别位于齐河县焦庙镇、刘桥乡、祝阿镇、华店乡。种植品种为登海605、郑单958。

二、测产结果

验收组根据田间分布，随机选取200个点。平均亩穗数4368.6穗，穗粒数558.4粒，千粒重按品种审定公告，登海605为344克，郑单958为329克，八五折后最高产量为963.25公斤（具体数据见附表）。二十万亩玉米高产创建核心区平均亩产709.83公斤。

验收组组长：

副 组 长：

二〇一三年九月二十八日

1

2013年山东省德州市齐河县二十万亩玉米高产创建核心区测产验收专家组成员名单

专家组职务	姓　名	工　作　单　位	所学专业	从事专业	职　称	签　字
组　长	张春庆	山东农业大学农学院	农学	玉米栽培	教　授	张春庆
副组长	王庆成	山东省农科院玉米所	农学	玉米栽培	研究员	王庆成
	赵延明	青岛农业大学农学与植保学院	农学	玉米育种	教　授	赵延明
成　员	曲召令	山东省农技推广总站	农学	农技推广	研究员	曲召令
	曲辉英	山东省种子管理总站	农学	种子管理	研究员	曲辉英
	刘治先	山东省农科院玉米所	农学	玉米育种	研究员	刘治先
	高新学	山东省农科院玉米所	农学	玉米育种	研究员	高新学
	刘玉敬	山东省农科院玉米所	农学	玉米育种	研究员	刘玉敬
	李向东	山东农业大学植保学院	植保	植　保	教　授	李向东

2

	迟新之	山东省农技推广总站	植保	农技推广	研究员	
	柴兰高	山东省农技推广总站	农学	农技推广	研究员	
	刘喜民	山东省农技推广总站	农学	农技推广	研究员	
	鞠正春	山东省农技推广总站	农学	农技推广	研究员	
	李　涛	山东省土肥总站	土肥	土　肥	研究员	
	万广华	山东省土肥总站	土肥	土　肥	研究员	
	张承毅	山东省种子管理总站	农学	种子管理	研究员	
	姜　雯	青岛农业大学农学与植保学院	农学	玉米栽培	副教授	
	刘　鹏	山东农业大学农学院	农学	玉米栽培	副教授	
	刘存辉	山东省种子管理总站	农学	种子管理	高级农艺师	
	尹秀波	山东省农技推广总站	农学	农技推广	高级农艺师	

3

“齐河模式”打造“华夏第一麦”

2015年1月17日，农业部在北京组织专家对《山东省齐河县小麦、玉米质量安全生产标准综合体县市规范》和《山东省齐河县小麦、玉米生产社会化服务标准综合体县市规范》进行论证。经过讨论，与会专家认为：“两个标准综合体县市规范”是国内第一个县级粮食生产标准。

齐河是传统农业大县，全县耕地面积126万亩，是全国50个整建制粮食高产创建示范县之一、国家大型商品粮基地县，德州市唯一的10亿千克粮食生产超级大县。近年来，齐河县深入贯彻中央和省、市关于农业农村改革发展的部署要求，以整建制粮食高产创建为主抓手，以农业部20万亩粮食增产模式攻关核心区为主平台，打造了全国标准最高、规模最大的高产创建示范方，连年刷新全国大面积小麦、玉米单产记录，2014年在全国率先实现吨半粮；全县粮食生产实现“十二连增”，连续七年蝉联全国粮食生产先进单位。规划建设的80万亩绿色（小麦、玉米）食品原料基地顺利通过农业部专家论证，成为全国最大面积通过论证的原料基地。打造了以“高产、高质”为特征的“华夏第一麦”品牌，为国家粮食安全和经济社会平稳健康发展提供了有力支撑。

工作中，齐河县探索推行了“两大经营主体创新、两大综合标准规范、三大支撑举措强化”共铸现代农业的“齐河模式”，走出了一条提高国家粮食安全水平的新路径。

一、创新“两大经营主体”，解决“谁来种粮”的问题

坚持把经营组织、经营机制创新作为农业生产的核心和基础，着力构建集约化、专业化、组织化、社会化相结合的新型农业经营体系，在更高层次上改善农村生产关系，最大限度地激发农村发展活力和农业发展潜力。

（一）培育新型农业生产主体

深化农村体制改革，积极推进农村承包地确权颁证工作，在现有土地政策不变的前提下，努力推动土地经营权向种粮大户、家庭农场、农民专业合作社流转，推进粮食生产规模化、集约化。一是积极培植种粮大户、农民专业合作社。全县培植

百亩以上种粮大户117个，其中千亩以上种粮大户11个；登记注册各类农民专业合作社1 066家，带动农户6万多户，规模化种植面积达到38万亩，形成了种粮大户、农民专业合作社共同支撑粮食发展的新型格局。二是着力培植龙头企业。大力发展粮食产业化经营，鼓励龙头企业投资前移，开展订单生产，建立粮食生产基地，密切产加销衔接。目前，全县拥有粮食种植及深加工龙头企业80多家，粮食年深加工转化率占全县粮食总产的60%，粮食订单面积达到60万亩，其中20万亩核心区全部实现订单收购，每千克粮食价格平均高于市场价0.2元，实现了粮食增产、农民增收、农业增效。三是加快培育新型职业农民。抢抓被确定为全国新型职业农民培育示范县的契机，成立了由中高级专业农技人员组成的“专家讲师团”，年培训农民10万人次，实现了全覆盖，有效提升了农民综合素质。

（二）培育新型社会化服务主体

按照主体多元化、服务多样化的方式，将公益性服务与经营性服务有机结合，构建起以政府公益性农业服务机构为支撑，专业服务公司、农民协会、农资经营户等经营性实体广泛参与的新型社会化服务体系，通过开展菜单式、托管式、承包式等多种形式服务，满足了广大农户的不同层次、不同类型的生产需要，解决了一家一户办不了、办不好、办起来不划算的问题。全县14个乡镇（街道）均建立了农技站、水利站等公益性服务机构，以齐力新农业服务有限公司为代表的病虫害统防统治、农机作业等经营性服务组织达到168家，年作业服务面积720万亩，其中订单服务面积占27%，全县农作物耕、种、收综合机械化水平达到97%以上，基本实现全程机械化。

二、规范“两大综合标准”，解决“如何种粮”的问题

根据全县粮食发展的阶段性特征和转型升级的内在要求，积极推进粮食种植全过程标准化管理，探索建立小麦、玉米质量安全生产和社会化服务两大综合标准体系，推动粮食生产向高端、高质、高效转型。

（一）搭建标准化平台

在全国率先开展了粮食高产创建，对全县粮田进行了统一规划，建成了80万亩高产创建示范区、20万亩粮食增产模式攻关核心区，基本实现了“田成方、林成网、路相通、渠相连、旱能浇、涝能排”；各乡镇（街道）均建成3万～5万亩“大方田”，设立了千亩乡镇长指挥田、百亩高产示范片和十亩高产攻关田，形成了以示范区、核心区和乡镇示范方，带动全县整建制高产创建的格局。

（二）推进标准化生产

聘请中国工程院、山东农业大学等科研院校10多名知名院士、教授担任指导专

家，定期进行技术指导；建立起由专家教授和县乡技术人员、村种粮能手组成的科技服务网络，实现了"万亩有技术专家、千亩有技术标兵、百亩有技术骨干"。在生产技术推广上，实现了小麦良种供应、宽幅精播等"八统一"，玉米宽垄密植、测土配方施肥等"六配套"，关键技术落实率达到100%。

（三）实施标准化管理

制定了小麦、玉米安全生产技术规程，建立了县级农产品质量安全检测中心、乡镇监管站和村级监管员组成的三级质量监管体系，严格农业投入品使用；在60家农业龙头企业开展了农产品质量可追溯试点，实现了农产品全链条可追溯。大力融合"种养加""产供销"价值链，"齐粮""巨能"等一批绿色食品远销日韩及东南亚地区，打响了"华夏第一麦"品牌。

三、强化"三大支撑举措"，解决"提高种粮积极性"的问题

牢固树立"抓粮食生产就是抓经济发展、就是抓社会稳定"的理念，明确提出要人给人、要钱给钱、要政策给政策的"三要三给"指导方针，加大投入，优先保障，形成了上下一致、协同作战的整体合力。

（一）强化组织保障

坚持粮食生产"一把手抓、抓一把手"，由县委书记任粮食高产创建推进委员会主任，县长任副主任，分管领导具体靠上抓，各乡镇（街道）也均成立了党委、政府主要负责同志任组长的高产创建领导小组，县、乡、村层层签订高产创建责任书；将粮食高产创建纳入全县科学发展综合考评体系，年底进行严格考核，列支500万元对先进单位和个人进行表彰奖励。特别是在全国率先推行了农村党组织书记规范化管理，参照乡镇机关在编人员管理，由县委组织部建档备案、审批任免，乡镇党委负责日常管理、监督考核，县财政发放工资，人社部门办理养老保险，年均工资达到近3万元，巩固了党在全县农村的执政根基、强化了农村战斗堡垒作用，保障了粮食高产创建等重点工作的扎实推进。

（二）强化资金保障

成立了中国县域第一家金融控股公司，与中国农科院发起设立30亿元的"中农（齐河）产业投资基金"，实现了农业发展资金市场化运作，有效解决了资金瓶颈问题。县级财政不断加大支农力度，每年拿出1亿元支持粮食等农业产业发展，实施了小农水、农业综合开发、中低产田改造、千亿斤粮食产能工程等基建项目，全县粮田林网覆盖率、农田有效灌溉率均达到100%。五年来，共落实各级各类粮食补贴资金9.2亿元，其中国家产粮大县补贴资金2.2亿元。

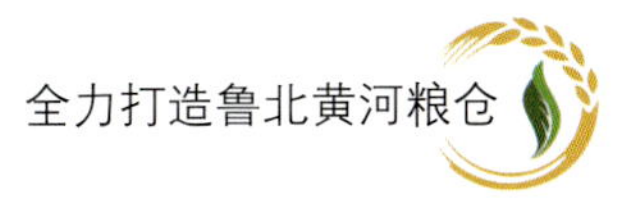

（三）强化政策保障

出台了《齐河县农业发展奖扶政策》《新型农业经营主体奖扶办法》，对百亩以上种粮大户，每亩给予20～100元的补贴；对运作规范、带动能力强的农民专业合作社、农业龙头企业等新型农业经营主体给予10万～20万的奖励，并在农机具补贴、免费供种等方面给予倾斜，充分调动起各类农业经营主体发展粮食生产的积极性。

下一步，齐河县将以“两个标准体系”出台为动力，抓投入、抓科技、抓政策、抓服务，努力实现粮食稳产高产优产，进一步打响“华夏第一麦”品牌。

红宇司长并陈部长:

您好!山东省齐河县是我部粮食高产创建示范县,也是部经管司站党的群众路线教育实践联系点,我曾带领有关专家和中青年干部三下齐河,调研考察、讲课宣传、总结提炼。2014年,该县20万亩粮食增产模式攻关核心区小麦、玉米和全年平均亩产刷新三项全国最大面积高产纪录。"两大经营主体创新、两大综合标准规范、三大支撑举措强化"共铸现代农业的"齐河模式",有效破解了"谁来种地"、"如何种地"、"种地富民"的发展窘境,扎实打牢了国家粮食安全根基,其经验值得粮食主产区研究、学习、借鉴。现将调研报告和两个综合标准体系送请领导阅示,建议作为宣传改革创新、宣传粮食生产"十一连增"的先进典型。

关锐捷

2015年元月3日

"齐河模式"打造"华夏第一麦"
在国内率先制订两项粮食生产地方性标准综合体规范

（"齐河标准"评审发布会新闻通稿）

2015年1月17日，受山东省齐河县委、县人民政府委托，由农业部、国家标准委、中国农科院、中国社科院、山东省农业厅、德州市政府等部门10多名专家组成的评审组，对山东省齐河县《小麦、玉米生产社会化服务标准综合体县市规范》和《小麦、玉米质量安全生产标准综合体县市规范》进行了评审。

专家评审组认为，齐河县在全国粮食主产县中率先迈出了农业综合标准化的步伐，两个标准综合体以相关国家、行业、地方标准为依据，规定了齐河县小麦、玉米生产社会化服务和质量安全生产综合标准化建设术语、区域划分、发展目标、建设内容、技术要求、综合服务和建后管护等方面的内容，对小麦、玉米生产的水质、大气、土壤、耕作、管理、科技、农药使用、肥料择选、社会化服务等规定了严格的科学标准，设计合理，内容翔实，具有超前性、创新性和可操作性，对加快推进农业生产标准化、规模化、专业化、组织化有重要探索作用。

专家评审组认为，山东省齐河县人民政府与中国社会科学院城市发展研究会合作研究制订的两个标准综合体涵盖了小麦、玉米大面积优质高产创建的各主要环节，为进一步规范质量安全生产、农业社会化服务，提高农田综合生产能力，培育发展新型生产主体和多元服务主体，促进政府购买公益性服务奠定了坚实基础，符合国家标准委将综合标准化作为推进标准化工作改革创新和重中之重的要求，符合农业部夯实国家粮食安全根基、推进现代农业建设的要求，成为中国绿色食品发展中心核准的全国最大绿色食品原料（小麦、玉米）标准化生产基地的重要支撑，在全国尚属首创，因而意义重大，值得各地粮食主产区和其他作物品种制定综合标准体系研究、借鉴。

近年来，齐河在推进"大方田、整建制"粮食高产创建中，形成了"两大经营主体创新（新型生产主体、多元服务主体）、两大综合标准规范（社会化服务、质量安全）、三大支撑举措强化（人力保障、财力支撑、动力激励）"共铸现代农业的"齐河模式"，有效破解了"谁来种地""如何种地""种地富民"的发展窘境，扎实打牢了国家粮食安全根基。2014年，全县粮食总产量突破13.66亿千克，平均亩产1 197.7千克，实现"十二连增"，成为连续8年总产过10亿千克的超级产粮大县。其中，20万亩粮食增产模式攻关核心区小麦、玉米和全年平均亩产刷新三项全国最大面积高产纪录，平均年亩产达到1 502.27千克。下一步，该县将"综合标准化"贯穿生产全过程，全面推进80万亩全国绿色食品原料（小麦、玉米）标准化生产基地建设，打造全国集约面积最大、单位产量最高、产品质量最优的"华夏第一麦"。

媒体报道

媒体报道情况

2015年1月17日，在北京召开了“齐河模式打造华夏第一麦”评审发布会，《小麦、玉米生产社会化服务标准综合体县市规范》和《小麦、玉米质量安全生产标准综合体县市规范》经由农业部、国家标准委、中国农科院、中国社科院等部门组成的专家组评审通过。中央、地方主要新闻媒体记者参加会议并做了重点宣传报道。

农民日报数字报

农民日报 2015年01月19日 星期一

山东齐河率先制定出小麦玉米两项县（市）规范

《农民日报》（2015年01月19日 01 版）

本报讯（记者杨志华刘晓晖）1月17日上午，由农业部、国家标准委、中国农科院、中国社科院等专家组成的评审组，在北京对山东省齐河县《小麦、玉米质量安全生产标准综合体县（市）规范》和《小麦、玉米生产社会化服务标准综合体县（市）规范》进行评审，并举行新闻发布会向全国发布，这标志着齐河县在全国率先制定出两项粮食标准综合体的县（市）规范。

标准综合体，是国家标准委近年来推进标准化工作的改革创新和重中之重。专家评审组认为，齐河县在全国粮食主产县中率先迈出了农业综合标准化的步伐，两个标准综合体以相关国家、行业、地方标准为依据，规定了齐河县小麦、玉米生产社会化服务和质量安全生产综合标准化建设术语、区域划分、发展目标、建设内容、技术要求、综合服务和建后管护等方面的内容，对小麦、玉米生产的水质、大气、土壤、耕作、管理、科技、农药使用、肥料筛选、社会化服务等规定了严格的科学标准，对加快推进农业生产标准化、规模化、专业化、组织化有重要探索作用。

据悉，两项标准综合体是由齐河县邀请农业部、国家标准化管理委员会农业与食品部、中国标准化研究院等各主管部门专家，历时半年的考察和论证后，共同研究制定。

据介绍，2014年齐河县粮食总产量突破27.3亿斤，实现“十二连增”，成为连续八年总产过20亿斤的超级产粮大县，连续6年荣获全国粮食生产先进县和全国粮食生产先进县标兵，该县20万亩粮食高产创建核心区在全国第一个实现亩均“吨半粮”。目前，齐河县正加快推进80万亩“全国绿色食品原料（小麦、玉米）标准化生产基地”建设，将“标准综合体规范”贯穿生产全过程，使粮食整建制高产创建模式提升为绿色增产模式。“下一步我们将着力打造全国集约面积最大、单位产量最高、产品质量最优的‘华夏第一麦’品牌。”齐河县委书记孟令兴说。

经济日报

上一版 下一版 2015年1月21日 星期三 上一期 下一期 放大 缩小 默认

现代农业 11

犯不着为"土豆主粮化"纠结

目标价格改革进展顺利

现代农业何时"不差钱"

山东齐河县制定小麦、玉米两项规范

产粮大县有了粮食生产标准

本报记者 乔金亮

"有了小麦、玉米质量安全生产标准，我们从施肥、耕作到机收都有了规范。"谈到我国首个粮食生产的地方性综合标准，全国种粮大户、山东省齐河县大黄乡石碑杨村农民王成亮说。

日前，来自农业部、国家标准委等部门的专家对齐河县制定的两项小麦、玉米生产地方性综合标准进行了评审。这是粮食生产地方性综合标准首次通过专家评审。该县农业局有关负责人表示，《小麦、玉米生产社会化服务标准综合体县市规范》和《小麦、玉米质量安全生产标准综合体县市规范》规定了齐河县小麦、玉米生产的社会化服务标准等相关内容，对小麦、玉米生产的水质、大气、土壤、耕作、管理、农药使用、肥料选择等规定了严格的科学标准。

农业部专家认为，齐河县的两项地方性综合标准的制定在全国尚属首创，值得各地借鉴。这两个综合标准涵盖了小麦、玉米大面积高产创建的主要环节，为进一步规范质量安全生产、农业社会化服务奠定了坚实基础，有利于提高农田综合生产能力，培育发展新型生产主体和多元服务主体，促进政府购买公益性服务。

第11版：现代农业　上一版 下一版

标题导航

- 犯不着为"土豆主粮化"纠结
- 目标价格改革进展顺利
- 现代农业何时"不差钱"
- 产粮大县有了粮食生产标准
- 图片新闻
- 图片新闻

上一篇 下一篇　放大 缩小 默认

中共山东省委机关报
1939年创刊
大众报业集团(大众日报社)出版
国内统一刊号:CN37-0001
邮发代号:23-1

大众日报

2015年1月18日
星期日

大众日报网:dzrb.dzwww.com

牢牢把握“一个定位 三个提升”
认识适应引领经济发展新常态

各地深入贯彻落实中央和省经济工作会议精神，探索新常态下经济工作新路

高点定位，力争走在前列

提质增效加速“转调创”

济南：构筑发展新优势

率先融入“一带一路”战略

青岛：开创发展新局面

深入推进基础性经济体制改革

潍坊：把握四点求突破

提振信心 主动作为 稳中求进

威海：科学发展论英雄

习近平电贺朱立伦当选中国国民党主席

朱立伦复电习近平表示感谢

朱立伦如何“接棒”

进出口总值超2770亿美元，增速放缓

我省去年外贸增长4%

◆民营企业占据外贸顾半壁江山
◆机电产品进出口實现两位数增长
◆如何培育新竞争优势是重要课题
◆今年将扩大以电子商务方式出口规模

以最朴素的方式与群众沟通

今日导读

今年山东全面梳理省市县事权项目清单

小麦玉米生产服务标准齐河制

率先制定粮食生产地方性标准综合体县市规范并向全国发布

齐鲁晚报 今日德州 2015年1月19日 星期一 编辑 张颖慧 美编 闫晓军 城中事 C03

"关注眼癌双胞胎"追踪>>

市慈善总会发起公益演出和爱心募捐

"千手观音"将绽放慈善晚会

本报1月18日讯(记者 李榛 通讯员 刘悦) 德城区三岁半的双胞胎兄弟小浩强和小浩霖患有眼癌，眼底治愈的唯一途径就是赴国外进行手术。然而，两个孩子最低的出国治疗费用大约需要120万元。为继续给兄弟俩筹集手术费，1月29日，市慈善总会发起"爱在行动"2015"千手观音"携手众明星走进德州慈善公益晚会，现诚邀社会爱心企业进行晚会慈善冠名，活动全部所得定向用于救助双胞胎患儿。

"截至目前，市慈善总会为双胞胎眼癌孩子共筹集善款已达30多万元，但对于两个孩子上百万元的手术费用，无疑是杯水车薪。"德州市慈善总会副会长周成玉称，为筹集更多的善款，由中国下一代教育基金会、市委宣传部、德州市民政局、德州市慈善总会等主办的"爱在行动"2015"千手观音"携手众明星走进德州慈善公益晚会，将于1月29日晚7:00—9:00在德州大剧院举行。

现诚邀社会爱心企业进行公益演出慈善冠名，活动全部所得将定向用于救助双胞胎眼癌患儿杨浩霖、杨浩强、张恩。此次公益演出爱心捐赠包括多种形式，其中，慈善冠名名额为1个，需捐赠善款20万元；慈善协办名额3个，需捐赠善款10万元；慈善联合赞助名额6个，需捐赠善款5万元；爱心捐赠企业名额20个，需捐赠善款1万元等，全程将由德州市公证处、新闻媒体和爱心志愿者公证、监督，详情可登陆"德州慈善网"(http://www.dzcs.org.cn)。

本次活动将邀请"北京心灵之声艺术团"倾情义演，包括2005年央视春节联欢晚会震撼力作《千手观音》、第13届北京残奥会开幕式参演节目，以及享誉国内外乐坛智障天才指挥家舟舟、著名笑星、国家一级演员陈寒柏等多位"德艺双馨"艺术家精彩演出。此外，1月27日-28日还将举行"爱在行动"全国书画名家作品慈善义捐义展义拍义卖活动。

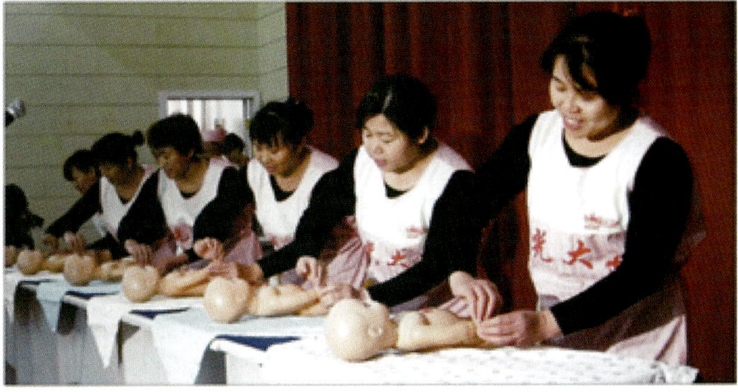

秀技能 16日，德州市第三届家政服务技能大赛召开，经过11个县市区的层层选拔、认真推荐，90名参赛选手参加了家政、育婴、护老三个专业的比赛。 本报记者 孙婷婷 摄

种植意向降低 棉花蔬果减产

本报1月18日讯(记者 王明娟) 近日，德州市物价局对禹城等五个县市的63个农户进行2015年种植意向调查，结果显示，农户普遍愿意种植粮食，棉花、蔬菜、瓜果等作物种植意愿下降。据调查，不少农户多计划种植少量蔬菜，供自己食用。

受政策和市场的双重影响，国家鼓励粮食生产的惠农政策含金量逐年提高，极大地调动了农民的积极性，主要粮食作物种植面积大幅增加，粮食价格也一直高位运行。同时，机械化的普及，为规模经营创造有利条件。调查显示，2015年户均预计种植粮食作物面积12.92亩，同比增加4.36%，其中种植玉米的意愿同比增长最多，比去年同期增加两成。

2014年，随着棉花价格持续下滑，德州市棉农尽管收成良好，但收益下降，平均每亩棉花的净利386.25元，是近十年来最低的收益年份。据调查，今年户均预计种棉面积约一亩，同比减少三成多。此外，德州市农户增加蔬菜种植面积意愿不强。据调查，农户多选择种植少量蔬菜供自己食用，德州农户户均预计种植蔬菜、瓜果0.20亩，同比减少一成以上。

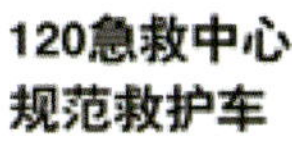

120急救中心 规范救护车

本报1月18日讯(记者 王乐伟 通讯员 郭凌) 18日，记者了解到，2014年，德州120急救指挥中心全年共调度急救车辆65600车次，救治急危重病人72991人次，处理重大突发事件167起。今年将集中整改救护车车辆不一、车型杂乱等现象。

另外，指挥中心将每年3月和10月份定为急救调度培训月，根据培训月活动计划，指挥中心组织调度员针对德州市高铁新区、德城区外环及武城县城地名地标进行实地勘察，针对新建路段的名称、标志物及村庄等做了重点记录。

2014年，指挥中心制定了13种急救站标准化管理制度及流程，今年，将所有制度下发至急救站，同时新增急救站急救情况汇报、急救驾驶员培训、急救车维护消毒等内容，要求急救站严格执行并纳入年终考核。2015年，指挥中心将针对德州市救护车管理中存在的车辆不一、装备不一、车型杂乱、车况不良等现象，计划用一年时间整改、理顺、规范。

齐河模式打造"华夏第一麦"

率先制订两项粮食生产地方性标准综合体规范

本报1月18日讯(记者 孙婷婷 通讯员 郑军 崔志华) 1月17日，受齐河县委、县人民政府委托，由农业部、国家标准委、中国农科院、中国社科院、山东省农业厅、德州市政府等部门10多名专家组成的评审组，对齐河县《小麦、玉米生产社会化服务标准综合体县市规范》和《小麦、玉米质量安全生产标准综合体县市规范》进行了评审。

专家评审组认为，齐河县在全国粮食主产县中率先迈出了农业综合标准化的步伐，两个标准综合体以相关国家、行业、地方标准为依据，规定了齐河县小麦、玉米生产社会化服务和质量安全生产综合标准化建设术语、区域划分、发展目标、建设内容、技术要求、综合服务和储后管护等方面的内容，对小麦、玉米生产的水圈、大气、土壤、耕作、管理、科技、农药使用、肥料选择、社会化服务等规定了严格的科学标准，设计合理，内容翔实，具有超前性、创新性和可操作性，对加快推进农业生产标准化、规模化、专业化、组织化有重要探索作用。

近年来，齐河在推进"大方田、整建制"粮食高产创建中，形成了"两大经营主体创新(新型生产主体、多元服务主体)、两大综合标准规范(社会化服务、质量安全)、三大支撑举措强化(人力保障、财力支撑、动力激励)"共铸现代农业的"齐河模式"，有效破解了"谁来种地"、"如何种地"、"种地富民"的发展瓶颈，扎实打牢了国家粮食安全根基。2014年，全县粮食总产量突破27.3亿斤，平均亩产1197.7公斤，实现"十二连增"，成为连续8年总产过20亿斤的超级产粮大县。其中，20万亩粮食增产模式攻关核心区小麦、玉米和全年平均亩产刷新三项全国最大面积高产纪录，平均年亩产达到1502.27公斤。下一步，该县将"综合标准化"贯穿生产全过程，全面推进80万亩全国绿色食品原料(小麦、玉米)标准化生产基地建设，打造全国集约面积最大、单位产量最高、产品质量最优的"华夏第一麦"。

非房地产收入增速超过房地产

万达集团公布业绩 连续9年增长超三成

1月17日，万达集团宣布万达2014年业绩。在中国经济持续放缓的情况下，万达各项指标全面超额完成，企业发展跃上新的台阶。企业资产达到5341亿元，同比增长34.5%；收入2424.8亿元，完成年计划的101%，同比增长30%；连续第9年保持同比30%以上的增速，企业净利润也大幅增长。

万达商业地产合同销售收入1601.3亿元，完成目标的100.1%，同比增长26.8%；其中租金回款110.8亿元，同比增长32.7%，租金回款完成率100%，继续保持全球领先水平；累计持有物业面积2157万平方米，同比增长32.0%。

文化集团收入341.4亿元，完成年计划的108.9%，同比增长32.3%。

万达百货新开店24家，累计99家，收入256亿元，完成计划的101.6%，同比增长65.3%，超额完成年度利润目标，在2014年百货业普遍困难的情况下，万达百货的表现成为行业亮点。

2014年，万达集团转型升级成果显著，文化旅游产业收入增速超过房地产收入增速，文化旅游各业务板块表现突出。2014年12月20日开业的武汉汉秀和电影乐园两个重大文化产业项目半年内的票已基本售罄；万达旅业收入达到75.1亿元，仅用一年就跻身全国行业前列，为万达文化旅游项目输送大量游客；万达影视佳作频出，收入4.3亿元，完成计划的121%。文化旅游已成为万达新的支柱产业。

陵城区联社蓄势而发

全面跟进 审计成果运用

陵城区联社在2014年审计成果运用的基础上，继续强化审计成果的积累、汇总、整合、优选，全面提升利用价值。一是进一步规范问题整改操作流程，严格明确各环节的移交反馈时间，落实环节责任，提高问题整改效率。二是增加审计检查通报分析例会的召开频率，丰富会议形式与内容，找准问题解决途径，落实系统性整改措施。三是加强与业务条线部门的协调配合，通过联合开展检查项目，共享检查成果信息等一系列措施，将审计监督与业务部门检查监督有机结合起来。 (任秋云 赵伟)

德州日报

刘新利来我市作辅导报告

决战追逃，还百姓公平正义

全市信访工作专题会议召开

民间融资阳光化 实体经济更"滋润"

坚定不移推动经济文化融合

齐河模式打造"华夏第一麦"

> 决战追逃，还百姓公平正义
> 民间融资阳光化实体经济更"滋润"
> 齐河模式打造"华夏第一麦"
> 刘新利来我市作辅导报告
> 全市信访工作专题会议召开
> 坚定不移推动经济文化融合

德州日报

两项粮食生产地方性标准综合体县市规范全国首创

齐河模式打造"华夏第一麦"

2015年1月19日 01：要闻 稿件来源：德州日报

齐河讯（侯刚 郑军 翟志华）粮食生产连年高产之后，路要怎么走？齐河县围绕现代农业发展要求，通过制定标准化规范等措施，将粮食整建制高产创建模式晋级为绿色增产模式。

1月17日，由农业部、国家标准委、中国农科院、中国社科院等部门的10余名专家组成的评审组，对《山东省齐河县小麦、玉米质量安全生产标准综合体县市规范》和《山东省齐河县小麦、玉米生产社会化服务标准综合体县市规范》进行评审，并向全国发布。评审组认为，齐河制定小麦、玉米质量安全生产和社会化服务标准综合体县市规范，在全国属首创，对加快推进农业生产标准化、规模化、专业化、组织化有重要探索作用，值得各地粮食主产区和其他作物品种制定综合标准体系研究借鉴。

"这两个标准综合体县市规范，是由中国社科院城市发展研究会、农业部种植业司、国家标准委农业与食品部、中国标准化研究院、中国农科院等部门的专家，历经半年的调研、考察和论证后，共同研究制定的。"齐河县县长王晓东介绍，两个标准综合体县市规范分别规定了小麦、玉米质量安全生产、社会化服务综合标准化建设区域划分、发展目标、建设内容、技术要求、综合服务和建后管护等方面的内容，对小麦、玉米生产的水质、大气、土壤、耕作、管理、科技、农药使用、肥料筛选、社会化服务等规定了严格的科学标准，具有超前性、创新性和可操作性。

从2008年国家现代农业粮食产业项目起步至今，齐河累计投入3.95亿元，建成农业部20万亩粮食增产模式攻关核心区，并将高产模式复制到全县80万亩耕地，形成了"两大经营主体创新（新型生产主体、多元服务主体）、两大综合标准规范（社会化服务、质量安全）、三大支撑举措强化（人力保障、财力支撑、动力激励）"共筑现代农业的齐河模式。2014年，齐河粮食总产量突破27.3亿斤，实现"十二连增"，成为连续8年总产过20亿斤的超级产粮大县。其中，20万亩粮食增产模式攻关核心区小麦加玉米全年平均亩产达到1502.27公斤，实现"吨半粮"，刷新全国最大面积高产纪录。

"正是由于齐河小麦集中种植面积大、单产产量高、全环节监控确保了质量好，所以我们称齐河小麦为'华夏第一麦'。"农业部经管司研究员、评审组组长[illegible]说。

目前，齐河正加快推进80万亩"全国绿色食品原料（小麦、玉米）标准化生产基地"建设，将"综合标准化"贯穿生产全过程。"今年要确保这80万亩实现'吨半粮'，明年全县实现'吨半粮'，进一步擦亮全国集约面积最大、单位产量最高、产品质量最优的'华夏第一麦'品牌。"齐河县委书记孟令兴说。

德州县域

乐陵作风建设开出今年首张"罚单"

小麦玉米生产服务有了"齐河模式"

捐助抗战老兵 助力慈善福彩事业

德州晚报

小麦玉米生产服务有了"齐河模式"

在国内率先制定两项粮食生产地方性标准综合体规范

2015年1月19日 11：德州县域 稿件来源：德州晚报 作者：胡兵

本报讯（记者 胡兵 通讯员 侯刚 郑军 志华）1月17日，由农业部、国家标准委、中国农科院、中国社科院、山东省农业厅、德州市政府等部门10多名专家组成的评审组，对齐河县《小麦、玉米生产社会化服务标准综合体县市规范》和《小麦、玉米质量安全生产标准综合体县市规范》进行了评审，并向全国发布，这标志着齐河在全国率先制定了小麦、玉米质量安全生产和社会化服务标准综合体县市规范。

据介绍，专家评审组认为，齐河县在全国粮食主产县中率先迈出了农业综合标准化的步伐，两个标准综合体以相关国家、行业、地方标准为依据，规定了齐河县小麦、玉米生产社会化服务和质量安全生产综合标准化建设术语、区域划分、发展目标、建设内容、技术要求、综合服务和建后管护等方面的内容。同时，对小麦、玉米生产的水质、大气、土壤、耕作、管理、科技、农药使用、肥料筛选、社会化服务等规定了严格的科学标准。

专家评审组认为，齐河县人民政府与中国社会科学院城市发展研究会合作研究制定的两个标准综合体涵盖了小麦、玉米大面积优质高产创建的各主要环节。该标准综合体成为中国绿色食品发展中心标准的全国最大绿色食品原料（小麦、玉米）标准化生产基地的重要支撑，在全国尚属首创。

中共齐河县委机关报
2015年1月21日
星期三
甲午年十二月初二
（内部资料　免费赠阅）

"两会"期间天气预报

齐河小麦、玉米生产地方性标准综合体县市规范评审发布会在北京举行

我县在全国率先制订两项粮食生产地方性标准综合体县市规范

我县召开县委常委（扩大）会议

县政府第二十次常务会议召开

我县召开安全生产工作会议

县政协十二届八次常委会议召开

全县环境保护工作会议召开

乘势而上　攻坚克难　打好环境保护攻坚战

齐河县人大常委会关于召开县十六届人民代表大会第五次会议的决定

积极顺应新常态　从严治党聚能量

CCTV 2
昨夜今晨
农业部：粮食生产地方性综合标准通过评审
07:18
央视50 4292.07
南昌 多云转阵雨 6~14℃
华声股份 13.98 -0.85% 东江环保 34.63 -1.31%
龙泉股份 9.83 -0.30% 西部证券 31.09 -9.99%
武装组织经过谈判，宣布结束当天的武装冲突，在首都萨那停火。
第八届世界

CCTV 2
昨夜今晨
农业部：粮食生产地方性综合标准通过评审
07:18
央视回报 4337.30
福州 多云 8~17℃
珠江钢琴 12.37 -5.43% 黄海机械 32.96 +3.49%
福建金森 19.00 -6.77% 奋达科技 29.28 +2.49%
第八届世界未来能源峰会暨"阿布扎比可持续发展周"19日在阿联酋首

CCTV 2
财经
CNTV
昨夜今晨
农业部：粮食生产地方性综合标准通过评审
07 18
央视回报 4337.30
福州 多云 8~17℃
珠江钢琴 12.37 -5.43%
黄海机械 32.96 +3.49%
福建金森 19.00 -6.77%
奋达科技 29.28 +2.49%
第八届世界未来能源峰会暨"阿布扎比可持续发展周"19日在

CCTV 7
苏保敏 宋毅 报道
国内首次发布粮食生产地方性综合标准

CCTV 7
苏保敏 宋毅 报道
国内首次发布粮食生产地方性综合标准

CCTV 7
“齐河模式”打造“华夏第一麦”
苏保敏 宋毅 报道
国内首次发布粮食生产地方性综合标准

CCTV 7
军事 农业
式”打造“华夏第一麦”
苏保敏 宋毅 报道
国内首次发布粮食生产地方性综合标准

CCTV 7
军事 农业
发
苏保敏 宋毅 报道
国内首次发布粮食生产地方性综合标准

CCTV 7
军事 农业
苏保敏 宋毅 报道
国内首次发布粮食生产地方性综合标准

山东
齐鲁网
iqilu.com

山东
齐鲁网
iqilu.com
田昭慧
周娟
1月17日
两项粮食生产县市规范将在齐河率先试点
山东新闻
山东台 陈潇 德州台 董国徽 杨玉波

齐鲁网
1月17日
山东新闻
两项粮食生产县市规范将在齐河率先试点

致富殿堂　CCTV-7农业　三农新闻

产粮大县有了粮食生产标准

三农　经济日报 2015年01月21日 09:23　我要分享

原标题：产粮大县有了粮食生产标准

"有了小麦、玉米质量安全生产标准，我们从施肥、耕作到机收都有了规范。"谈到我国首个粮食生产的地方性综合标准，全国种粮大户、山东省齐河县大黄乡石碑杨村农民王成亮说。

日前，来自农业部、国家标准委等部门的专家对齐河县制定的两项小麦、玉米生产地方性综合标准进行了评审。这是粮食生产地方性综合标准首次通过专家评审。该县农业局有关负责人表示，《小麦、玉米生产社会化服务标准综合体县市规范》和《小麦、玉米质量安全生产标准综合体县市规范》规定了齐河县小麦、玉米生产的社会化服务标准等相关内容，对小麦、玉米生产的水质、大气、土壤、耕作、管理、农药使用、肥料选择等规定了严格的科学标准。

人民网 >> 社会 >> 滚动新闻

两项粮食生产县市规范将在齐河率先试点

2015年01月17日21:16　手机看新闻

打印　网摘　纠错　商城　分享　推荐　人民微博　关注　字号

原标题：两项粮食生产县市规范将在齐河率先试点

齐鲁网济南1月17日讯 农业部、国家标准委、国家发改委等部门的专家今天在北京对齐河县与中国社科院城市发展研究会合作制定的小麦、玉米生产社会化服务标准和质量安全生产标准综合体县市规范进行研讨论证。两个规范经过审批后，将首先在齐河县试点，将"标准化"贯穿农业生产全过程，推进齐河县80万亩小麦、玉米标准化生产基地建设。

（来源：齐鲁网）

新华网 食品 > 正文

粮食生产地方性综合标准首次通过专家评审

2015年01月18日 09:08:30 来源：新华网 我有话要说(0人参与)

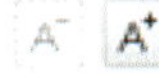

新华网北京1月17日电（记者林晖、王宇）来自农业部、国家标准委等部门的专家17日对山东省齐河县制定的两项小麦、玉米生产地方性综合标准进行了评审。专家认为，两项地方性综合标准的制定在全国尚属首创，值得各地研究借鉴。

据了解，两项标准分别为《小麦、玉米生产社会化服务标准综合体县市规范》和《小麦、玉米质量安全生产标准综合体县市规范》。两个标准综合体规定了齐河县小麦、玉米生产社会化服务和质量安全生产综合标准化建设术语、区域划分、发展目标、建设内容、技术要求、综合服务和建后管护等方面内容，对小麦、玉米生产的水质、大气、土壤、耕作、管理、科技、农药使用、肥料择选、社会化服务等规定了严格的科学标准。

专家认为，两个标准综合体涵盖了小麦、玉米大面积优质高产创建的各主要环节，为进一步规范质量安全生产、农业社会化服务奠定了坚实基础，有利于提高农田综合生产能力，培育发展新型生产主体和多元服务主体，促进政府购买公益性服务。

山东省齐河县是全国产粮大县，连续8年总产超过20亿斤。2014年，齐河县20万亩粮食增产模式攻关核心区平均年亩产达到1502.27公斤，刷新小麦、玉米和全年平均亩产三项全国最大面积高产纪录。

新华网 地方 > 正文

两项粮食生产县市规范将在山东齐河率先试点

2015年01月18日 08:37:04 来源：齐鲁网    0 

农业部、国家标准委、国家发改委等部门的专家今天在北京对齐河县与中国社科院城市发展研究会合作制定的小麦、玉米生产社会化服务标准和质量安全生产标准综合体县市规范进行研讨论证。两个规范经过审批后，将首先在齐河县试点，将“标准化”贯穿农业生产全过程，推进齐河县80万亩小麦、玉米标准化生产基地建设。

大众网首页 > 首页 > 山东新闻

小麦玉米生产服务标准齐河制 率先制定粮食生产地方性标准

2015-01-18 07:58:00 来源：大众网-大众日报 作者：张宇鸿

今天上午，由农业部、国家标准委、中国农科院等部门专家组成的评审组，在北京对《山东省齐河县小麦、玉米质量安全生产标准综合体县市规范》和《山东省齐河县小麦、玉米生产社会化服务标准综合体县市规范》进行评审，并向全国发布。

□记者 张宇鸿 通讯员 侯刚 郑军 志华 报道

本报北京1月17日电 今天上午，由农业部、国家标准委、中国农科院等部门专家组成的评审组，在北京对《山东省齐河县小麦、玉米质量安全生产标准综合体县市规范》和《山东省齐河县小麦、玉米生产社会化服务标准综合体县市规范》进行评审，并向全国发布。这标志着齐河在全国率先制定了小麦、玉米质量安全生产和社会化服务标准综合体县市规范。

据介绍，这两个标准综合体县市规范，是齐河县邀请农业部种植业司、国家标准委农业与食品部、中国标准化研究院等部门的专家，历经半年的调研、考察和论证后，共同研究制定的。分别规定了小麦、玉米质量安全生产和社会化服务综合标准化建设区域划分、发展目标、建设内容、技术要求、综合服务和建后管护等方面的内容。

从2008年国家现代农业粮食产业项目起步，齐河建成农业部20万亩粮食增产模式攻关核心区，并将高产模式"复制"到全县80万亩耕地。2014年，齐河成为连续8年总产过20亿斤的超级产粮大县，20万亩粮食增产模式攻关核心区小麦加玉米全年平均亩产达到1502.27公斤，实现"吨半粮"，刷新全国最大面积高产纪录。

"齐河小麦集中种植面积大、单产产量高、全环节监控确保了质量好，所以我们称齐河小麦为'华夏第一麦'。"农业部研究员、评审组组长关锐捷说。

目前，齐河县正加快推进80万亩"全国绿色食品原料(小麦、玉米)标准化生产基地"建设，将"标准综合体规范"贯穿生产全过程，使粮食整建制高产创建模式晋级为绿色增产模式。"今年要确保这80万亩实现吨半粮，明年全县吨半粮，进一步擦亮全国集约面积最大、单位产量最高、产品质量最优的'华夏第一麦'品牌。"齐河县委书记孟令兴说。

凤凰资讯 凤凰网资讯 > 滚动新闻 > 正文

习酒·窖藏1988

两项粮食生产县市规范将在德州齐河率先进行试点

2015年01月18日 12:23

来源：齐鲁网

0人参与 0评论

原标题：两项粮食生产县市规范将在德州齐河率先进行试点

[提要]农业部、国家标准委、国家发改委等部门的专家17日在北京对齐河县人民政府与中国社会科学院城市发展研究会合作制定的《小麦、玉米生产社会化服务标准综合体县市规范》等进行研讨论证

齐鲁网1月18日讯 农业部、国家标准委、国家发改委等部门的专家17日在北京对齐河县人民政府与中国社会科学院城市发展研究会合作制定的《小麦、玉米生产社会化服务标准综合体县市规范》以及《小麦、玉米质量安全生产标准综合体县市规范》进行研讨论证，并提出评审意见。两个规范在经过相关部门审批后，会首先在齐河县进行试点，将“标准化”贯穿农业生产全过程，推进齐河县的80万亩小麦、玉米标准化生产基地建设。

搜狐首页 用户名/邮箱/手机号 登录 注册 我的搜狐 邮件

滚动频道首页 > 媒体新闻滚动_搜狐资讯

两项粮食生产县市规范将在齐河率先试点(组图)

2015年01月17日21:16 | 我来说两句(0人参与) | 保存到博客

齐鲁网

齐鲁网济南1月17日讯 农业部、国家标准委、国家发改委等部门的专家今天在北京对齐河县与中国社科院城市发展研究会合作制定的小麦、玉米生产社会化服务标准和质量安全生产标准综合体县市规范进行研讨论证。两个规范经过审批后，将首先在齐河县试点，将“标准化”贯穿农业生产全过程，推进齐河县80万亩小麦、玉米标准化生产基地建设。

延伸阅读：泰安东平再获全国粮食生产先进单位荣誉称号2014全国粮食生产先进单位公布济宁入选产粮大市德州齐河再获“全国粮食生产先进单位”荣誉称号全国粮食生产先进单位名单公布 肥城获产粮大县称号冠县被农业部授予2014年全国粮食生产先进单位称号

網易新闻 网易首页 > 新闻中心 > 滚动新闻 > 正文

山东齐河　制定农业社会化服务标准

2015-01-25 03:28:00　来源: 人民日报(北京)

分享到：　0

本报电　　（记者冯华）“有了质量安全生产标准，我们从施肥、耕作到机收都有了规范。”谈到我国首个粮食生产地方性综合标准，全国种粮大户、山东省齐河县大黄乡石碑杨村农民王成亮说。

日前，齐河县制定的两项小麦、玉米生产地方性综合标准通过了来自农业部、国家标准委等部门的专家评审。标准规定了齐河县小麦、玉米生产的社会化服务标准等，对生产的水质、土壤、耕作、管理、农药肥料使用等规定了严格的科学标准。专家认为，齐河县这两项标准的制定在全国尚属首创，值得各地借鉴。标准涵盖了小麦、玉米大面积高产创建的主要环节，有利于提高农田综合生产能力，培育发展新型生产主体和多元服务主体，促进政府购买公益性服务。

作者：冯华

您的当前位置：首页>>聚焦三农>>省内新闻

小麦玉米生产服务标准齐河制

发布时间：2015-01-19　作者：张学鸿　[illegible]　浏览次数：224　字体：［大 中 小］

1月17日上午，由农业部、国家标准委、中国农科院等部门专家组成的评审组，在北京对《山东省齐河县小麦、玉米质量安全生产标准综合体县市规范》和《山东省齐河县小麦、玉米生产社会化服务标准综合体县市规范》进行评审，并向全国发布。这标志着齐河在全国率先制定了小麦、玉米质量安全生产和社会化服务标准综合体县市规范。

据介绍，这两个标准综合体县市规范，是齐河县邀请农业部种植业司、国家标准委农业与食品部、中国标准化研究院等部门的专家，历经半年的调研、考察和论证后，共同研究制定的。分别规定了小麦、玉米质量安全生产和社会化服务综合标准化建设区域划分、发展目标、建设内容、技术要求、综合服务和建后管护等方面的内容。

从2008年国家现代农业粮食产业项目起步，齐河建成农业部20万亩粮食增产模式攻关核心区，并将高产模式"复制"到全县80万亩耕地。2014年，齐河成为连续8年总产过20亿斤的超级产粮大县，20万亩粮食增产模式攻关核心区小麦加玉米全年平均亩产达到1502.27公斤，实现"吨半粮"，刷新全国最大面积高产纪录。

"齐河小麦集中种植面积大、单产产量高、全环节监控确保了质量好，所以我们称齐河小麦为'华夏第一麦'。"农业部研究员、评审组组长[illegible]说。

目前，齐河县正加快推进80万亩"全国绿色食品原料(小麦、玉米)标准化生产基地"建设，将"标准综合体规范"贯穿生产全过程，使粮食整建制高产创建模式晋级为绿色增产模式。"今年要确保这80万亩实现吨半粮，明年全县吨半粮，进一步擦亮全国集约面积最大、单位产量最高、产品质量最优的'华夏第一麦'品牌，"齐河县委书记孟令兴说。(大众日报)

责任编辑：[illegible]　信息来源：大众日报

相关文章

关于我们 | 联系我们 | 网站声明 | 隐私与安全 | 网站导航 | 访问统计 | 设为首页　主办：山东省农业厅　承办：山东省农业信息中心

新农首页 农业新闻 致富信息 农业技术 农产品价格 农业搜索 农药 网站地图

农业新闻 > 农业新闻 > 地方新闻 > 山东省 > 正文

找新闻 学技术 站内搜索

小麦玉米生产服务标准山东齐河制

发布时间：2015-01-20 来源：新农网

摘要：1月17日上午，由农业部、国家标准委、中国农科院等部门专家组成的评审组，在北京对《山东省齐河县小麦、玉米质量安全生产标准综合体县市规范》和《山东省齐河县小麦、玉米生产社会化服务标准综合体县市规范》进行评审，并向全国发布，这标志着齐河在全国率先制定了小麦

1月17日上午，由农业部、国家标准委、中国农科院等部门专家组成的评审组，在北京对《山东省齐河县小麦、玉米质量安全生产标准综合体县市规范》和《山东省齐河县小麦、玉米生产社会化服务标准综合体县市规范》进行评审，并向全国发布。这标志着齐河在全国率先制定了小麦、玉米质量安全生产和社会化服务标准综合体县市规范。

据介绍，这两个标准综合体县市规范，是齐河县邀请农业部种植业司、国家标准委农业与食品部、中国标准化研究院等部门的专家，历经半年的调研、考察和论证后，共同研究制定的，分别规定了小麦、玉米质量安全生产和社会化服务综合标准化建设区域划分、发展目标、建设内容、技术要求、综合服务和建后管护等方面的内容。

从2008年国家现代农业粮食产业项目起步，齐河建成农业部20万亩粮食增产模式攻关核心区，并将高产模式“复制”到全县80万亩耕地。2014年，齐河成为连续8年总产过20亿斤的超级产粮大县，20万亩粮食增产模式攻关核心区小麦加玉米全年平均亩产达到1502.27公斤，实现“吨半粮”，刷新全国最大面积高产纪录。

“齐河小麦集中种植面积大、单产产量高、全环节监控确保了质量好，所以我们称齐河小麦为‘华夏第一麦’。”农业部研究员、评审组组长关锐捷说。

目前，齐河县正加快推进80万亩“全国绿色食品原料(小麦、玉米)标准化生产基地”建设，将“标准综合体规范”贯穿生产全过程，使粮食整建制高产创建模式晋级为绿色增产模式。“今年要确保这80万亩实现吨半粮，明年全县吨半粮，进一步提高全国面积最大、单位产量最高、产品质量最优的‘华夏第一麦’品牌。”齐河县委书记孟令兴说。

相关阅读：

- 山东高青农业开发迎来黄金期
- 山东：齐河食用菌原料基地立体栽培黄金针菇试验
- 山东德州市四获全国产粮大市称号 6县荣膺产粮大
- 2014年山东夏津县政策性保险98.92万亩 灾后理赔
- 山东省聊城市2014年农机作业水平实现新高
- 山东胶州发放1200万元麦秸还田补贴

打印 大 中 小 责任编辑：文帆

农业图片

甘肃民乐中药村喜获丰收

海南临高县冬季瓜菜喜获丰

陕西大荔县：冬季大荔油桃

河南郏县大棚内种植花

最新资讯

- 甘肃民乐中药村喜获丰收
- 贵州铜仁扶持绿壳蛋鸡养殖项目 养殖户户均增收
- 四川西昌市：再部署 再落实 确保畜产品质量安全
- 新疆沙湾县节水滴灌技术新农民增收
- 吉林蔬菜种植致富三合村
- 海南临高县冬季瓜菜喜获丰收
- 陕西大荔县：冬季大荔油桃大棚春意浓
- 河南郏县大棚内种植花
- 甘肃庆城草畜产业显活力 架起增收致富桥
- 新疆鄯善县：“沙漠之舟”成牧民“致富之舟”

其他人正在看——

- 湖南常宁“早育保姆”为早稻育秧做“好保姆”
- 黑龙江大庆市肇源江鱼名声越来越响 渔业产值高
- 湖南湘阴县早稻集中育秧效果好
- 广西容县沙田柚喜获丰收
- 农业部督导组赴23个主产省督导秋粮病虫防控
- 东北西北局地遭风雹灾害 棉花玉米等多种作物受
- 新疆乌鲁木齐蔬菜价连续七个月下降
- 今年1-7月湘潭县361307人次参加新农合农民受益
- 江苏华家庄农场走出一条独特生态养殖之路
- 河南汝南县常兴镇“小微课堂”助秋收
- 内蒙古科右前旗种子管理站积极开展科技示范推广
- 内蒙古磴口农加大监管护农力度促进农牧业健康发
- 陕西洋东：确保秸秆禁烧 确保“三秋”安全
- 广东江门市新会区罗坑龙眼喜获丰收
- 河北吴桥县发展无公害蔬菜生产应考虑的几个问题
- 湖北凤山：以茶为本发展茶产业链
- 江西宜春市完成2014年绿色食品企业年度检查工作
- 福建明溪：举行水稻新品种展示观摩会
- 中农农机大集 丰农机机器邮政便民措 国产补贴
- 广西河池：合浦夏日西瓜销售

两项粮食生产县市规范将在齐河率先试点

来源:齐鲁网　作者:　我来说说　复制链接　2015-01-17 21:16:01

【提要】农业部、国家标准委、国家发改委等部门的专家今天在北京对齐河县与中国社科院城市发展研究会合作制定的小麦、玉米生产社会化服务标准和质量安全生产标准综合体县市规范进行研讨论证。

齐鲁网 德州

齐河在国内率先制订两项粮食生产地方性标准综合体规范

齐河在国内率先制订两项粮食生产地方性标准综合体规范

来源：齐鲁网 作者：公维勇 杨玉波 我来说说 复制链接 2015-01-19 08:46

关键词：粮食生产地方性标准综合体规范 齐河模式 德州齐河

[提要] 1月17日，由农业部、国家标准委、中国农科院、中国社科院、山东省农业厅、德州市政府等部门10多名专家组成的评审组，对山东省齐河县《小麦、玉米生产社会化服务标准综合体县市规范》和《小麦、...

德州齐鲁网1月18日讯（德州台 公维勇 齐河台 杨玉波）1月17日，受山东省齐河县委、县人民政府委托，由农业部、国家标准委、中国农科院、中国社科院、山东省农业厅、德州市政府等部门10多名专家组成的评审组，对山东省齐河县《小麦、玉米生产社会化服务标准综合体县市规范》和《小麦、玉米质量安全生产标准综合体县市规范》进行了评审。

专家评审组认为，齐河县在全国粮食主产县中率先迈出了农业综合标准化的步伐，两个标准综合体以相关国家、行业、地方标准为依据，规定了齐河县小麦、玉米生产社会化服务和质量安全生产综合标准化建设术语、区域划分、发展目标、建设内容、技术要求、综合服务和建后管护等方面的内容，对小麦、玉米生产的水质、大气、土壤、耕作、管理、科技、农药使用、肥料择选、社会化服务等规定了严格的科学标准，设计合理，内容翔实，具有超前性、创新性和可操作性，对加快推进农业生产标准化、规模化、专业化、组织化有重要探索作用。

专家评审组认为，山东省齐河县人民政府与中国社会科学院城市发展研究会合作研究制订的两个标准综合体涵盖了小麦、玉米大面积优质高产创建的各主要环节，为进一步规范质量安全生产、农业社会化服务，提高农田综合生产能力，培育发展新型生产主体和多元服务主体，促进政府购买公益性服务奠定了坚实基础，符合国家标准委将综合标准化作为推进标准化工作改革创新和重中之重的要求，符合农业部夯实国家粮食安全根基、推进现代农业建设的要求，成为中国绿色食品发展中心核准的全国最大绿色食品原料（小麦、玉米）标准化生产基地的重要支撑，在全国尚属首创，因而意义重大，值得各地粮食主产区和其他作物品种制定综合标准体系研究、借鉴。

近年来，齐河在推进"大方田、整建制"粮食高产创建中，形成了"两大经营主体创新（新型生产主体、多元服务主体）、两大综合标准规范（社会化服务、质量安全）、三大支撑举措强化（人力保障、财力支撑、动力激励）"共铸现代农业的"齐河模式"，有效破解了"谁来种地"、"如何种地"、"种地富民"的发展瓶颈，扎实打牢了国家粮食安全根基。2014年，全县粮食总产量突破27.3亿斤，平均亩产1197.7公斤，实现"十二连增"，成为连续8年总产过20亿斤的超级产粮大县。其中，20万亩粮食增产模式攻关核心区小麦、玉米和全年平均亩产刷新三项全国最大面积高产纪录，平均年亩产达到1502.27公斤。下一步，该县将"综合标准化"贯穿生产全过程，全面推进80万亩全国绿色食品原料（小麦、玉米）标准化生产基地建设，打造全国集约面积最大、单位产量最高、产品质量最优的"华夏第一麦"。

“齐河模式”打造“华夏第一麦”在国内率先制订两项粮食生产地方性标准综合体规范

上一篇 下一篇

德州市政府信息公开目录

索 引 号	00442223-5/2015-00062	发布机构	县市区人民政府 > 齐河县人民政府
信息名称	小麦玉米生产服务标准齐河制		
文 号		生成日期	2015-01-19
主题分类	农业、林业、水利 > 农业、畜牧业与渔业	主题词	小麦玉米生产服务标准齐河制
内容概述	小麦玉米生产服务标准齐河制		
在线链接地址			

【字号：大 中 小】【打印】【关闭】

小麦玉米生产服务标准齐河制

□记者 张宇鹏 通讯员 侯刚 郑军 志华 报道

本报北京1月17日电 今天上午，由农业部、国家标准委、中国农科院等部门专家组成的评审组，在北京对《山东省齐河县小麦、玉米质量安全生产标准综合体县市规范》和《山东省齐河县小麦、玉米生产社会化服务标准综合体县市规范》进行评审，并向全国发布。这标志着齐河在全国率先制定了小麦、玉米质量安全生产和社会化服务标准综合体县市规范。

据介绍，这两个标准综合体县市规范，是齐河县邀请农业部种植业司、国家标准委农业与食品部、中国标准化研究院等部门的专家，历经半年的调研、考察和论证后，共同研究制定的。分别规定了小麦、玉米质量安全生产和社会化服务综合标准化建设区域划分、发展目标、建设内容、技术要求、综合服务和建后管护等方面的内容。

从2008年国家现代农业粮食产业项目起步，齐河建成农业部20万亩粮食增产模式攻关核心区，并将高产模式“复制”到全县80万亩耕地。2014年，齐河成为连续8年总产过20亿斤的超级产粮大县，20万亩粮食增产模式攻关核心区小麦加玉米全年平均亩产达到1502.27公斤，实现“吨半粮”，刷新全国最大面积高产纪录。

“齐河小麦集中种植面积大、单产产量高、全环节监控确保了质量好，所以我们称齐河小麦为‘华夏第一麦’。”农业部研究员、评审组组长关锐捷说。

目前，齐河县正加快推进80万亩“全国绿色食品原料（小麦、玉米）标准化生产基地”建设，将“标准综合体规范”贯穿生产全过程，使粮食整建制高产创建模式晋级为绿色增产模式。“今年要确保这80万亩实现吨半粮，明年全县吨半粮，进一步擦亮全国集约面积最大、单位产量最高、产品质量最优的‘华夏第一麦’品牌。”齐河县委书记孟令兴说。

齐河要闻 齐河时政 齐河社会 齐河经济 齐河文苑 齐河图片 齐

前位置：首页>>新闻>>县市区频道>>齐河新闻网>>齐河时政

齐河县在全国率先制订两项粮食生产地方性标准综合体县市规范

编辑：崔光宇 来源：德州新闻网 时间：2015-01-21

收藏到云盘

齐河小麦、玉米生产地方性标准综合体县市规范评审发布会在北京举行

日期 2015-01-27 来源：

1月17日，受山东省齐河县委、县人民政府委托，由农业部、国家标准委、中国农科院、中国社科院、山东省农业厅、德州市政府等部门20多名专家组成的评审组，对山东省齐河县《小麦、玉米生产社会化服务标准综合体县市规范》和《小麦、玉米质量安全生产标准综合体县市规范》进行了评审。

专家评审组认为，齐河县在全国粮食主产县中率先迈出了农业综合标准化的步伐，两个标准综合体以相关国家、行业、地方标准为依据，规定了齐河县小麦、玉米生产社会化服务和质量安全生产综合标准化建设术语、区域划分、发展目标、建设内容、技术要求、综合服务和建后管护等方面的内容，对小麦、玉米生产的水质、大气、土壤、耕作、管理、科技、农药使用、肥料筛选、社会化服务等规定了严格的科学标准，设计合理，内容翔实，具有前瞻性、创新性和可操作性，对加快推进农业生产标准化、规模化、专业化、组织化有重要探索作用。

专家评审组认为，山东省齐河县人民政府与中国社会科学院城市发展研究会合作研究制订的两个标准综合体涵盖了小麦、玉米大面积优质高产创建的各主要环节，为进一步规范质量安全生产、农业社会化服务，提高农田综合生产能力，培育发展新型生产主体和多元服务主体，促进政府购买公益性服务奠定了坚实基础，符合国家标准委将综合标准化作为推进标准化工作改革创新和重中之重的要求，符合农业部关于国家粮食安全保障、推进现代农业建设的要求，成为中国绿色食品发展中心批准的全国最大绿色食品原料（小麦、玉米）标准化生产基地的重要支撑，在全国尚属首创，范例意义重大，值得各地粮食主产区和其他作物品种制定综合标准体系研究、借鉴。

近年来，齐河县在推进"大方田、整建制"粮食高产创建中，形成了"两大经营主体创新（新型生产主体、多元服务主体）、两大综合标准规范（社会化服务、质量安全）、三大支撑保障强化（人力保障、财力支撑、动力激励）"共推现代农业的"齐河模式"，有效破解了"谁来种地"、"如何种地"、"种地富民"的发展瓶颈，扎实打牢了国家粮食安全根基。2014年，全县粮食总产量突破27.9亿斤，平均亩产1097.1公斤，实现"十二连增"，成为连续8年总产过20亿斤的超级产粮大县。其中，20万亩粮食高产模式攻关核心区小麦、玉米和全年平均亩产刷新三项全国最大面积高产纪录，平均年亩产达到1502.27公斤。下一步，该县将"综合标准化"贯穿生产全过程，全面推进80万亩全国绿色食品原料（小麦、玉米）标准化生产基地建设，打造全国面积最大、单位产量最高、产品质量最优的"华夏第一麦"。

齐河县粮食生产地方性综合标准网站报道统计表

网站名称	时　　间	名　　称
CCTV央视网	2015年1月21日	产粮大县有了粮食生产标准
新华网	2015年1月18日	两项粮食生产县市规范将在山东齐河率先试点
新华网	2015年1月18日	粮食生产地方性综合标准首次通过专家评审
人民网	2015年1月17日	两项粮食生产县市规范将在齐河率先试点
搜狐网	2015年1月17日	两项粮食生产县市规范将在齐河率先试点
网易	2015年1月25日	山东齐河制定农业社会化服务标准
凤凰网	2015年1月18日	两项粮食生产县市规范将在德州齐河率先进行试点
大众网	2015年1月18日	小麦玉米生产服务标准齐河制率先制定粮食生产地方性标准
新农网	2015年1月20日	小麦玉米生产服务标准齐河制
山东农业信息网	2015年1月19日	小麦玉米生产服务标准齐河制
德州政府网站	2015年1月19日	小麦玉米生产服务标准齐河制
德州新闻网	2015年1月24日	“齐河模式”打造“华夏第一麦”在国内率先制定两项粮食生产地方性标准综合体规范
齐鲁网	2015年1月19日	齐河在国内率先制定两项粮食生产地方性标准综合体标准
齐鲁网	2015年1月17日	两项粮食生产县市规范将在齐河率先试点
齐河网	2015年1月27日	齐河玉米小麦生产地方性标准综合体规范评审发布会在北京举行
齐河网	2015年1月21日	齐河在全国率先制定两项粮食生产地方性标准综合体县市规范

齐河县粮食生产地方性综合标准视频报道统计表

媒体名称	栏目名称	时间	报道题目
中央2	第一时间	2015年1月18日	粮食生产综合性地方性综合标准通过评审
中央7	聚焦三农	2015年1月17日	国内首次发布粮食生产地方性标准
山东电视台	新闻联播	2015年1月17日	两项粮食生产县市规范将在齐河率先试点
德州台	德州新闻	2015年1月18日	两项粮食生产县市规范将在齐河率先试点
齐河台	齐河新闻	2015年1月17日	我县在京举办粮食生产地方性综合标准体规范评审发布会

相 关 照 片

领 导 视 察

2015年4月，全国人大吉炳轩副委员长察看80万亩粮食绿色增产模式攻关核心区小麦长势，市委书记吴翠云、县委书记孟令兴、县长王晓东陪同视察

在齐力新农业服务有限公司，吉炳轩了解企业服务现代农业的有关情况

2011年4月，国务院副总理回良玉、农业部部长韩长赋来齐河县调研

2011年4月，国务院副总理回良玉来齐河县粮食高产创建核心区调研

2011年1月27日，山东省委书记姜异康到齐河县粮食高产创建核心区调研

2014年9月13日，中国农产品市场协会会长、农业部原党组成员张玉香，农业部种植业司副司长潘文博到齐河县调研

2014年9月3日，副省长赵润田、农业厅副厅长王登启、市委书记吴翠云、县委书记孟令兴视察粮食生产工作

2015年4月14日，省政协副主席、省工商联主席王乃静到齐河县，就国家现代农业示范区建设问题进行专题调研，县委书记孟令兴陪同

2013年7月10日，农业部种植业司叶贞琴司长、省农业厅王登启副厅长调研20万亩核心区，县委书记孟令兴陪同调研

2013年9月，农业部种植业司司长叶贞琴到县20万亩粮食高产创建核心区和增产模式攻关"玉米千亩吨粮田"调研

2014年5月，农业部农村经济体制与经营管理司关锐捷巡视员到齐河县调研

2014年5月16日，省农业厅副厅长王登启、省农技推广总站站长曲召令、县长王晓东、局长崔洪亮视察小麦长势

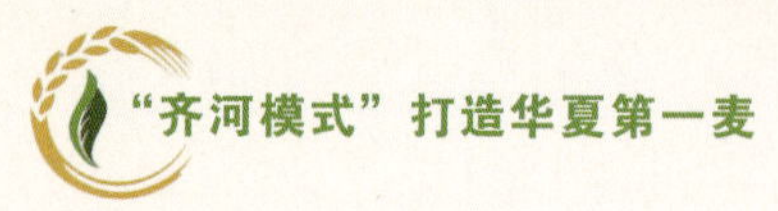

专 家 测 产

2014年齐河县20万亩粮食增产模式攻关核心区小麦实打验收报告

2014年6月7日，农业部种植业管理司会同全国农业技术推广服务中心，组织农业部小麦专家指导组部分成员和有关专家，对齐河县实施的农业部20万亩粮食增产模式攻关核心区小麦高产攻关田进行了实打验收。专家组听取了齐河县关于整建制开展粮食高产创建和增产模式攻关工作汇报，查看了项目初测验收报告，在实地考察的基础上，按照农业部《全国粮食高产创建测产验收办法（试行）》，随机选取了有代表性的6个样点，进行了小麦实打验收，测产结果如下：

1. 小麦高产攻关田位于焦庙镇周庄村，种植品种为济麦22，实打面积为3.36亩，共收获鲜籽粒3314公斤，杂质率5%，平均水分含量31%，折合亩产743.22公斤。

2. 小麦高产攻关田位于焦庙镇小刘村，种植品种为济麦22，实打面积为3.42亩，共收获鲜籽粒3205公斤，杂质率2%，平均水分含量34%，折合亩产701.28公斤。

3. 小麦高产攻关田位于祝阿镇周苏村，种植品种为济麦22，实打面积为4.29亩，共收获鲜籽粒4216公斤，杂质率1%，平均水分含量32.1%，折合亩产759.33公斤。

4. 小麦高产攻关田位于祝阿镇曹虎村，种植品种为济麦22，实打面积为2.90亩，共收获鲜籽粒2494.8公斤，杂质率1.13%，平均水分含量28%，折合亩产701.88公斤。

5. 小麦高产攻关田位于潘店镇大梁村，种植品种为济麦22，实打面积为3.22亩，共收获鲜籽粒2965.5公斤，杂质率1.5%，平均水分含量30.6%，折合亩产723.6公斤。

6. 小麦高产攻关田位于潘店镇后燕村，种植品种为济麦22，实打面积为2.91亩，共收获鲜籽粒2465.0公斤，杂质率1.5%，平均水分含量30.5%，折合亩产666.50公斤。

选取的6个实打样点，合计实打面积20.1亩，平均单产715.97公斤。

组　长：

副组长：

二〇一四年六月七日

2014年6月7日，20万亩粮食增产模式攻关核心区小麦实打验收报告

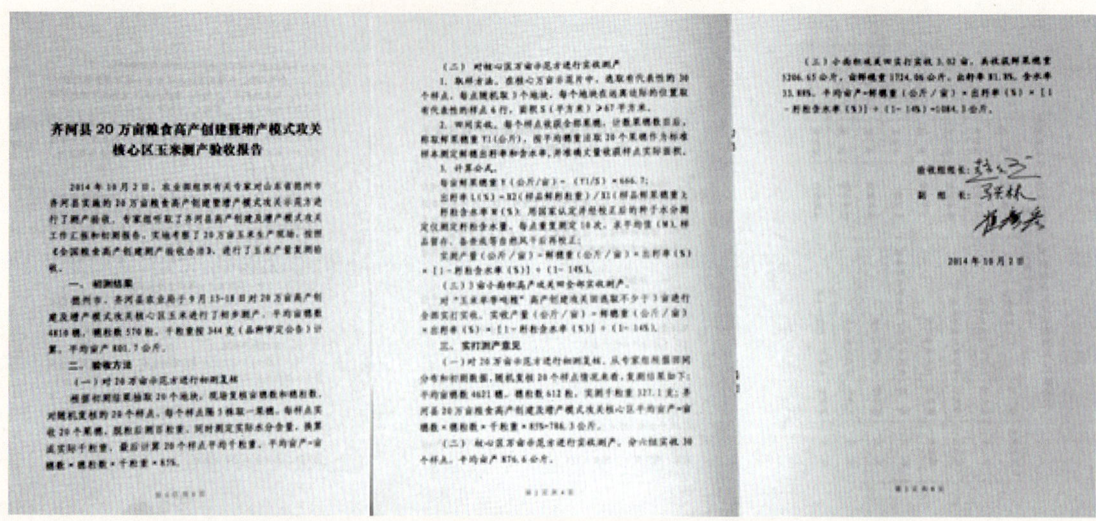

齐河县20万亩粮食高产创建暨增产模式攻关核心区玉米测产验收报告

一、初测结果

二、验收方法

三、实打测产意见

2014年10月2日

2014年10月2日，20万亩粮食增产模式攻关核心区玉米测产验收报告

2014年6月7日，20万亩小麦实打验收结果通报会

2014年10月2日，20万亩玉米测产验收情况通报会

2014年5月15日，农技专家小麦测产

2014年6月5日省农业厅专家小麦测产

2014年10月2日，农业部组织专家进行玉米测产

2014年10月2日，农业部组织专家玉米测产

工 作 会 议

2015年1月17日，在北京举办“齐河模式”打造“华夏第一麦”评审发布会

2015年4月12日，CCTV-7农业频道“放心农资，助力春耕”首站在齐河县开启

2014年4月22日，全省小麦穗期重大病虫暨蝗虫统防统治现场会在齐河召开

2014年4月16日，齐河县春季农业生产现场会暨粮王大赛启动仪式

2014年7月24日，农业部农村经济体制与经营管理司巡视员关锐捷到齐河县就新型经营体系及社会化服务举办专题讲座

2014年9月13日，中国·德州（齐河）现代农业与粮食安全高峰论坛

生 产 现 场

农业部80万亩绿色增产模式攻关高产高效核心区一隅（鸟瞰图）

80万亩粮食绿色增产模式攻关核心区统一深耕

80万亩粮食绿色增产模式攻关核心区小麦播种

80万亩粮食绿色增产模式攻关核心区小麦病虫害飞防

80万亩粮食绿色增产模式攻关核心区小麦一喷三防

小麦收割

农技人员指导夏玉米播种

80万亩粮食绿色增产模式攻关核心区玉米病虫害飞防

相关文件

中共齐河县委文件

齐发〔2014〕56号

中共齐河县委　齐河县人民政府
关于对县农业局记集体三等功的决定

（2014年12月11日）

今年以来，县农业局紧紧围绕县委、县政府中心工作和农村改革发展大局，立足职能，积极作为，以服务“三农”为主线，以整建制粮食高产创建为抓手，创新服务模式，强化科技支撑，20万亩核心区夏秋两季亩均产量再次刷新全国大面积高产纪录，在全国率先实现“吨半粮”，创造了连年高产稳产、持续增产的“齐河模式”，为全县农业增效、农民增收、农村经济发展做出了突出贡献。县委、县政府研究决定，给予县农业局记集体三等功。

希望县农业局全体干部职工珍惜荣誉，戒骄戒躁，再接再厉，

— 1 —

中共齐河县委文件

齐发〔2014〕31号

中共齐河县委　齐河县人民政府
关于齐河县新型农民专业合作组织
（粮食、植保、农机）的奖励扶持办法

（2014年7月30日）

为深入贯彻落实中央1号文件精神，加快发展新型农民专业合作组织，切实提高土地规模化、集约化经营水平，加快推进农业和农村经济发展，特制定本办法。

一、奖扶原则和范围

坚持扶优扶强的原则，采取专项资金奖扶的方式，对依法登记注册，并在县农业局、农机局登记备案，组织运行规范、作业面积大、服务能力强、安全生产程度高、与农民利益联系密切、发展前景好的种粮专业合作社、农机专业合作社、供销社领办创办的专业合作社、农业社会化服务组织等新型农民专业合作组织

— 1 —

中共齐河县委员会

齐委〔2014〕17号　　签发人：孟令兴　王晓东

中共齐河县委　齐河县人民政府 关于申报国家农业科技创新与集成示范基地 有关情况的报告

尊敬的唐司长：

现将我县申报国家农业科技创新与集成示范基地有关情况报告如下：

齐河县位于德州市最南端，与济南市区隔黄河相望，总面积1411平方公里，总人口63万，是国家大型商品粮基地县、全国整建制粮食高产创建示范县、全国粮食增产模式攻关试点县、全国农业社会化服务示范县、全国绿化模范县、全国农田水利建设先进县，连续六年获得全国粮食生产先进称号。

齐河县国家农业科技创新与集成示范基地由齐河县人民政府主管建设，依托山东农业工程学院为科技支撑，与齐河绿丰种

— 1 —

中共齐河县委办公室文件

齐办发〔2014〕3号

中共齐河县委办公室　齐河县人民政府办公室关于印发《2014年全县农业农村工作要点》的通　知

县经济开发区、黄河国际生态城、齐鲁高新技术开发区、济北高铁枢纽经济协作区，各乡镇（街道），县委各部门，县直各部门、企事业单位，各人民团体，驻齐各单位：

《2014年全县农业农村工作要点》已经县委、县政府同意，现印发给你们，请结合实际认真抓好贯彻落实。

中共齐河县委办公室

齐河县人民政府办公室

2014年2月28日

齐河县人民政府办公室文件

齐政办发〔2014〕13号

齐河县人民政府办公室
关于印发齐河县粮食应急预案的通知

县经济开发区、黄河国际生态城、齐鲁高新技术开发区、济北高铁枢纽经济协作区管委会，各乡镇人民政府、街道办事处，县直各部门、驻齐各单位：

现将《齐河县粮食应急预案》印发给你们，请认真抓好贯彻落实。

齐河县人民政府办公室

2014年6月12日

- 1 -

齐河县人民政府办公室

齐政办字〔2014〕16号

齐河县人民政府办公室
关于成立齐河县50万亩粮食高产创建示范区
建设指挥部的通知

有关乡镇人民政府，县政府有关部门，驻齐有关单位：

为进一步做好全县50万亩粮食高产创建示范区建设工作，提升区内基础设施水平，提高粮食产量，经县政府研究，决定成立齐河县50万亩粮食高产创建示范区建设指挥部。现将成员名单公布如下：

总 指 挥： 王晓东　县委副书记、县长

副总指挥： 董庆新　县委副书记

石连革　副县长

张和田　副县长

- 1 -

中共齐河县委员会

齐委〔2014〕25号　　　　签发人：孟令兴　王晓东

中共齐河县委　齐河县人民政府 关于申请对齐河县20万亩粮食增产模式攻关核心区“全年吨半粮”及玉米万亩“单季吨粮”高产攻关展示区进行测产验收并协助宣传的报告

德州市人民政府并山东省农业厅：

近年来，齐河县委、县政府高度重视粮食生产工作，坚持整建制粮食高产创建和增产模式攻关“双轮驱动”，不断加大资金投入，严格落实良种良法配套增产技术措施。今年，全县115万亩小麦单总产再创历史新高，夏粮生产实现了“十二连增”。特别是20万亩粮食增产模式攻关核心区攻关成效显著，经农业部组织专家测产，核心区小麦最高单产达到759.33公斤，平均单产715.93公斤，

— 1 —

齐河县人民政府文件

齐政发〔2012〕45 号

齐河县人民政府
关于印发齐河县农业发展奖扶政策的通知

县经济开发区管委会，黄河国际生态城管委会，各乡镇人民政府、街道办事处，县政府有关部门：

《齐河县农业发展奖扶政策》业经县政府第六次常务会议研究通过，现印发给你们，望认真贯彻执行。

二〇一二年六月七日

- 1 -

品种示范

小麦良种“济麦22”展示田

小麦良种“良星66”展示田

农技人员在玉米品种展示田调查

农技人员在玉米品种展示田收获前调查

国家玉米新品种展示简介

玉米新品种展示

获得荣誉

2014年省级先进集体

2013年全市粮食高产创建工作一等奖

2013年全省农业技术推广先进集体

2013年全国粮食生产先进单位

2012年全国粮食生产先进县

2012 年科技兴农先进集体

2011 年全国粮食生产先进单位奖杯

2011 年全国粮食生产先进单位

2010 年全国粮食生产先进县标兵

2009 年全国粮食生产先进县标兵

图书在版编目（CIP）数据

“齐河模式”打造华夏第一麦／孟令兴主编．—北京：中国农业出版社，2015.10
ISBN 978-7-109-20970-1

Ⅰ．①齐…　Ⅱ．①孟…　Ⅲ．①粮食增产–介绍–齐河县　Ⅳ．①F326．11

中国版本图书馆CIP数据核字（2015）第234833号

中国农业出版社出版
（北京市朝阳区麦子店街18号楼）
（邮政编码 100125）
责任编辑　刘明昌

中国农业出版社印刷厂印刷　　新华书店北京发行所发行
2015年12月第1版　　2015年12月北京第1次印刷

开本：787mm×1092mm　1/16　　印张：12.75
字数：250 千字
定价：118.00 元